风·雅·颂
—— 发现另一个自己 ——

思想家眼中的艺术丛书

Lyotard Reframed

Graham Jones

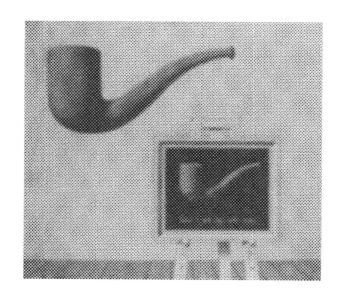

解读艺术:利奥塔

[澳] 格雷厄姆·琼斯 —— 著

王树良　张心童 —— 译

重庆大学出版社

目 录
CATALOG

总 序
PREFACE

解读与重塑

"思想家眼中的艺术"丛书陆续出版。译丛以重构为题，审视西方著名思想家论艺术及视觉文化的视角。正如译文中所言，重构预示了将再一次构建，不只是向国内艺术学领域的读者们较为全面地介绍这些西方当代思想家的观点，更是试图以重构之名从艺术学的视角剖析他们曾经的一些质疑与拷问。当然，在各种信息平台对这些思想家的话语反复进行解读的今天，本丛书无疑为解读被讨论的思想家们及其成就提供了一个易于接受的新视角，从这个意义来讲，重"构"实际上是为了重"塑"。

以"从视觉出发"为立足点，通过层层揭示和实例分析，我们能够从深奥难解的语句中，了解到思想家们敏锐而深邃的观察力和思想力，如海德格尔借助对艺术的探析思考"存在之意义"，利奥塔、拉康围绕着"物"的空无对艺术所作的阐释，德勒兹分析"块茎"并进而提出了一种新的思维模式……这或许就是换一种方式，对上述思想家进行再认识或重塑其道的注解版。众所周知，这些思想家的独特见解和他们提出的某些概念，已被国内研究者们在不同领域中进行了深化和拓展。

其中，海德格尔对艺术真理的追问，以及试图确切地阐释艺术的本质究竟是什么，如他认为艺术的本质是一种"模式"，并揭示被遮蔽但可通过艺术家置入其中的真理。再如德勒兹的"块茎"思维模式，为我们认知层次分明的西方文化认识系统提供了有效的帮助。尽管我们并不认为"块茎"思维模式就是对西方传统意义上的"树状"思维模式的一种挑战或替代，但后者的延展与联结方式的局限性显然已经凸显。

其中，难免会带有原作者个人的观点或倾向性，但这并不妨碍我们从"艺术"的视角对思想家们成就的再度认识和评价。在今天，随着"互联网＋"，甚至是"万物联网＋"热潮的兴起，我们审视艺术的方式也在发生变化，艺术、技术甚至是科技的本质与意义再次被追问和思考的同时，全面地研究和解析西方著名思想家的艺术观，可以更为深刻地从"高技术"崇拜的表象下，理解艺术本体以及艺术与技术的结合在当代的价值和意义。因此，本丛书的推出，不是为了回顾过去的艺术或文献的补充，而是提请艺术界同仁共同思考如何理解和看待今天乃至未来的新艺术。

重庆大学出版社独具慧眼，与时俱进，积极组织学术力量开展丛书的编译工作，"思想家眼中的艺术"丛书今天能够成功付梓，当是丛书团队高定位、高效率的完美回报，也是出版部门与诸位译者精诚合作、辛勤工作的成果。相信这套丛书能够在我国方兴未艾的艺术教育和艺术研究事业中发挥应有的作用。

是为序。

张夫也

2015年深秋于北京清华园

导 言

被称为艺术哲学的通常无法两全：要么缺了哲学，要么缺了艺术。

——弗里德里克·施莱格尔（Friedrich Schlegel）

艺术之目的就是展露那些被答案所隐匿的问题。

——詹姆斯·鲍德温（James Baldwin）

当我看到三个橘子，我会拿来杂耍；当我看到两座塔，我会漫步其间。

——菲利普·珀蒂（Philippe Petit）

让我们来谈谈艺术。诚然，这并非易事，但我们不妨一试。我们先从几件艺术作品说起，或者说它们至少都和艺术沾边儿。

第一件，是一幅黑色方块的画，名为《黑色方块》。它其实就是一整块涂满黑色的画布，无增无减，就是这样。它是同名不同版本系列画作中的第一幅，陈列在圣彼得堡的俄罗斯国家博物馆。它由卡济米尔·马列维奇在1914年完成，是"至上主义"（Supermatism）艺术运动的先导作品之一。这件作品在艺术市场上价值百万美元，并且"价值"日升（尽管博物馆不太可能真把它卖掉）。我是从图书馆借的一本书的插图上看到这些信息的，实际上，有很多关于这个艺术家及其艺术作品的书可在我需要的时候供我参考——包括他全部作品在艺术、历史和哲学方面的信息。我终于了解到，这是一幅"伟大"的作品（毕竟可以辨别出这确实是一幅艺术作品）。因为毕竟这本从图书馆借来的书告诉我，它是艺术品，这本书也出自一位艺术历史学"专家"之手，他怎么说也错不了吧。再说，这幅作品是被陈列在一个专为珍稀作品留用的文化场所的——那可是一个人们望尘莫及的地方。

第二个例子是关于班克斯的作品。班克斯是个千方百计试图掩饰自己真实身份的神秘涂鸦艺术家。在过去的十年当中，他在很多城市的墙壁和建筑上喷印下了具有讽刺意味（通常从大众文化中"撷取"）的涂鸦作品。这段时间里，直接出自他手的作品往往成为收藏家们的热宠，其价值与日俱增。实际上，他的一幅作品曾以20万美元的高价出售。人们不解的是，倘若他身份不明，这笔巨款到底进入了谁的口袋里。

一些文化遗产团体和文化管理者试图保留一些班克斯的作品。他们将有班克斯画作的墙壁移到了更"正当"的地方，比如画廊或博物馆；或者让这些画作保留在原地，但是在画作上镶上牌匾，标明这是值得留存的艺术品，同时在画作上覆上保护面。2008年，在澳大利亚的墨尔本，一幅受有机玻璃保护的作品被人故意损坏了，有人在墙面和有机玻璃之间泼上了银漆。报纸的评论家将其视为令人发指的破坏公物行为（讽刺的是，多年来，多位市议会委员和商家也同样谴责了包括班克斯在内的几位涂鸦艺术家"毁损"公物的行为）。

值得注意的是，班克斯的作品通常和其他不知名的艺术家的作品一起出现（这些艺术家名声小到还没有用假名或者笔名来隐匿自己的需要）。那些热宠班克斯作品的人，认为这些小艺术家的作品毫无价值。几年前，在看到一组墙上涂鸦时，我问同行的朋友能不能看出哪幅是班克斯的，他承认他分辨不出来。问题的关键并不在于画传递了什么信息，或者技艺有多精湛，而是画出自谁之手——因为从金钱价值角度来说，受人欢迎的品牌名字才是关键所在。对我朋友来说，所有的这些作品都是"无名的"（指未署名的），因而同样有价值或毫无价值。所以，除非有"艺术专家"为你辨明真迹，否则，你怎么可能知道这是不是班克斯的作品？但话说回来，你真的需要知道画的作者是谁，才能决定你是否喜欢它，或是觉得它有趣或迷人吗？

现在我们假设：在这些画作附近的拐角处，有一条人迹罕至的小路，小路的墙上画着的是另一种"风格迥异"

的涂鸦作品——看似毫无意义的色彩旋涡或块状，出自那些流浪或逃学的少年犯。那便是他们没心没肺地在污损公物、公共设施或"公共空间"了。除了画者本身，几乎其他所有人都认为这些"附加品"或者乱涂乱画的东西是没有价值的、反社会的、丑陋的、没有意义的。总的来说，是挑衅权威，凌驾社区，无视礼教的。显而易见，这些涂鸦确确实实无可辩驳的是"破坏公物"之行为的产物，是以破坏他人物业为代价的。若说这些涂鸦有任何艺术价值，即使不让人嗤之以鼻，也必会引来怀疑的目光。

再举个更私人一点儿的例子：很多年前，我在伦敦逛博物馆的时候，曾独自一人置身于一个展示厅里，面对一幅巨大的抽象画，为其着迷，又困惑不已。我躺在画前的木长椅上，头空悬在长椅的一端，倒着看这幅画，仿佛更有感觉了。突然间，一名保安（我还是委婉地称其为"画廊管理员"好了）冲进来，说我对展览的画作不敬，对他人不敬（尽管周围没有别人），滥用画廊这个公共空间，威胁我要把我轰出去。当然，我否认了他的指责。而他反过来指责我是"不知天高地厚的家伙""无业的混混""破坏者""法西斯主义者"，然后又前后矛盾地称我为"无政府主义者"。这多少有些讽刺。因为那段时间，我正在半英里远的另一家画廊做兼职"管理员"，每周工作几天，除了不让人们触碰画作（这是画廊为保险起见而坚持的政策，倘若违犯，可能会让我丢了饭碗），我从未想限制人们与艺术作品互动的方式。然而在这方面，我的想法算是少数派的。通过画廊所有者、馆长、其他管理员甚至他们的赞助"客户们"（或者"顾客"，因为画廊所有者和馆长的称呼多是莫名其妙地面向大众而言的），我清清楚楚地学到了一课：欣赏展览艺术品的方法只有一种，就是极尽尊崇，类似宗教般的虔诚。确实，一般来画廊的参观者也确实是这样的，轻声私语（很少笑出声或开玩笑——更别说哭了），从一幅作品游走到下一幅，停定半分钟，俨然一副正在敬心默观、顶礼朝拜的样子。确实，这跟去教堂或者参加葬礼没什么两样。

以上这些例子都关乎重要的艺术问题：什么是艺术，如何辨识它，它应该在什么时空出现或存在，以怎样让人接受的形式（合乎法律或道德伦理）出现，谁该在何时看到它，谁配被称为艺术家，或该被正儿八经地看待，谁来评价艺术品的原作者和价值（何种价值），我们该如何与其互动（更多时候是我们不应该怎么与其互动）或作出回应（以及在何时何地），我们能如何利用它，诸如此类。这些问题，无论如何都不是能一语概之的，更别说要回答它们了。为了避免让读者误解，我应该在书的开头就澄清，此书无意直接讨论这些问题，更不会提供"答案"。但在你阅读此书的过程中，这些问题确实会一直出现。

最后，让我们再来审视两个没那么"务实"的例子，两桩出现在同一地理空间但不同时间的事件。我们来看看这两桩事情引发了怎样的思考。

其一：1974年8月7日，周三，晚7点15分。24岁的杂技演员及钢丝艺术家菲利普·珀蒂在其友人的协助下，用弓箭非法地将450磅重的钢缆架设在纽约世贸中心双子塔61米的间隔之间，接着他本人在上面穿行过去。之前的准备工作繁冗且秘密，然而走钢丝的过程却很短——只有45

分钟——他走了一个来回，离地面有417米高。当警察来追捕他的时候，他在两塔之间逃窜，在钢丝上边笑边起舞。街上的人们仰头观望，那目光里闪烁着惊喜和困惑。最后，因为要下雨，珀蒂爬了下来，一下来就被警察逮捕了。

其二：2001年9月11日，清晨。一架被基地组织成员劫持的波音767，美国航空公司的11次航班，撞到了世贸中心的北塔。大约17分钟之后，另一架波音飞机，即美国联合航空公司的175次航班撞到了另一座塔上。两座塔都瞬即倾塌。这次蓄谋数十年的攻击行为，导致3000人丧生（包括飞机上的乘客，200名从烧毁的大楼中掉下来或跳下来的人，以及劫机者们），逾6000人受伤。此事发生的时候，那些不用从废墟中逃生的路人惊疑地哑口无言，不敢相信眼前发生的一切。之后的几个小时，几天，甚至几个月里，全世界的人们面对电视里反复播放的飞机撞毁的画面，都难以平静，不知该如何消化这样的事实。

我们不妨审视一下这两件看似不同的事件之间的共同之处，当然除了二者都发生在相同的地理空间这一事实。首先，二者的主要参与者从事的都是冒着生命危险的事情，若被抓到，可能会被处以死刑。二者都挑战了约定俗成的惯例——什么可能，什么可行。前者是孤身一人在110楼的高空走钢丝；后者是一小伙人在美国的地盘儿上制造灾难。

二者在不同程度和不同时间长度上，都扰乱了人们的日常生活，都通过"非法的"或大胆越轨的行为，使社会、政治、道德的环境脱离了原有的结构组织。对于前者来说，珀蒂稍后被逮捕了；对于后者，肇事者将自己也剿灭了。

一个僭越了社区的法律；另一个僭越了"人类文明"的伦理观。二者都像是一场竞争活动，一种企图击败敌人的决斗。前者是珀蒂与自我角力的游戏，是挑战自我的气概与恐惧。后者则挑起了与经济和军事实力更强的敌人之间的一场"战争"。

二者各自的"布局"都需要庞大的（且秘密的）筹划和准备。二者的发生都是为了引人"观看"（一个需要观众的表演或奇观）。二者都让旁观者经历了一系列激烈的情感，让他们琢磨到底发生了什么，为什么会发生。旁观者都会因为此举可能带来的风险和代价而惊恐不已：前者是对个体生命消逝的恐惧，后者是一种文化未来潜在的损失。二者都干扰了，或者说重新定位了一个既有的故事：前者扰乱了纽约街头按部就班的日常生活，后者企图颠覆世界史，挑战西方文明胜者般宏大的元叙事。

无论怎么看，这两件事情的发生都组成或标志了这样一种"事件"——并不仅在历史书中留下一个日期，更是在时间线性的流动里引入了一种干扰或者一个裂纹，一个有"目击者见证"的散开的一团乱麻，难以理解，也无法被抹除、理顺或遗忘。

我用这种奇怪的方式对比这两个事件，可能听起来让人有些不适，你可能心想——这和艺术有什么关系？让我们来问一下先锋作曲家卡尔•施托克豪森。当看到双子塔的毁灭时，他是这样描述的：

当然，你们所有人都要改变你们头脑中的观念，但是，所发生的这一切是前所未有之庞大的艺术。通过一次行为而获得了心灵的至境，是我们在音乐中做梦都永远无法企

11

及的，人们十年磨一剑，为一场音乐会疯狂苦练。然后黯然离去。这是整个宇宙诞生以来最伟大的艺术品。想想发生了什么吧。有人心无旁骛，孤注一掷。五万人因此引向重生。就在顷刻间。我望尘莫及。对此相比，我们这些作曲家，什么都算不上……（Stockhausen, 2002）[1]

这一说法让很多人感到震惊和愤慨，甚至包括施托克豪森最为热忱的崇拜者。这样一位负有盛名的成功艺术家，竟将引发成千上万人伤亡的"9·11"袭击事件，看成艺术作品，看成一场精心策划的壮举，其中包括了指挥、配乐、乐器、表演者及观众。结果，令施托克豪森自己也错愕不已的是，全世界的媒体都唾骂他"冷血"，幼稚，故弄玄虚，甚至不道德。人们指责他混淆艺术和现实，是屠杀行为的辩护者，支持恐怖主义的信仰。他（还有其他的当代艺术和艺术家）闭门造车，对民众的价值观和诉求不闻不问，且没有意识到，社会是需要让大众免受苦难，保命安身的。

对有些人来说，光是提出这些问题，就已经如同施托克豪森的话一样冒犯或荒唐了。由此引发的道德义愤却回避了而不是强调了所涉的问题。无论它们有何道德意味，施托克豪森的话确实激发我们要对一直珍视的固有观点和设想做进一步的审视。

---

1. "9·11"事件的一年纪念日之时，英国的艺术家达明安·赫斯特（Damien Hirst）发表了类似的言论，被媒体和网络广为报道："在某种程度上，你要佩服他们这一点，因为他们完成了无人敢想的事情——尤其是对美国这样的大国。因此，从这个角度来说，他们需要嘉奖，而一般人都拒不给予，这可是个危险的事情。"9·11"事件实际上本身就是个艺术作品。它是邪恶的，但也正是为了达到这种效果而被如此策划的。"面对公众的义愤，赫斯特稍后收回了他的话。——原文注

然而，我所说的——这些在被允许的和不被允许的，在合法的和不合法的之间打擦边球的事情——目的不是褒贬发生了什么，别人是如何评定的。实际上，我故意缓下定见，因为这些问题（关于"9•11"引起的影响）激起了关于社会和大众如何看待艺术的重要问题。问这些问题的目的，将"9•11"袭击事件与艺术挂上钩，是将其作为一种极端情况，因为它的不可理喻揭示了哲学、政治、伦理和美学的薄弱环节，继而使得我们重新审视我们的观念：什么是艺术，它有什么用处，它是如何挑战了我们自以为是的东西。提出这些问题，让我们进行自我审视、考量和反思，并不是艺术对"9•11"有所阐释，而是"9•11"可能会引起关于艺术的何种说法或暗示——审问艺术是关于什么的（关于我们对艺术的看法），这样可能会让我们判别出珀蒂的走钢丝行为是艺术，而双子塔的倒塌不是。通过这样的思想实验，我们要问，什么是可接受或不可接受的？什么是正常或不正常的？人们渴望获得什么又厌恶什么？何为痛苦又何为快乐？以上这些的分界线在哪里？为什么界线在这里而不是在那里？这些分界线与我们所期望（或不期望）的艺术之间的关系是什么？这些分界线又如何来界定艺术与非艺术？当然，最重要的一点可能是，当代艺术作品如何能够、应当或已经做到为整个社会和社会每一员提出"合理的"问题或触动人的东西？

上面的问题和例子涉及很多关于什么是艺术和艺术的功用的问题，引发了法国哲学家让-弗朗索瓦•利奥塔的兴趣，也就是本书的主题。利奥塔在其作品中反复寻问的，不是艺术意味着什么（即事物背后的意义），而是它们是什么？它们给我们带来了什么（当我们看到它们的时候会发生什么）？可能对很多人来说，他们心中已经有了定论：他们可能会宣称，艺术让我们更文明，内心更丰富，自我意识更强，让我们成为更好的自己，教会我们怜悯和忍耐，给我们提供道德准则，给我们带来娱乐消遣，是好的投资对象等。但是利奥塔并不满意这些答案。这些论断已经对人类、主题、社会、人、公民、思想者、消费者、社会和文化这些概念有着想当然的臆断了。很多其他的问题已经是假定结论为真的谬误问题了。在接下来的篇章里，我们会随利奥塔一同审视他的关于艺术本质和艺术角色的思考。

但在之前的几页我们已经思考得挺远了，不管在时间上还是空间上，从因为不公而摧毁大楼来侮辱西方，到那些在小巷墙上潦草喷画寻求叛逆刺激的少年犯们，还有那些穿透自己身体的人、欣赏撞车的人、倒过来看画的人……通过这些，我们才逐渐了解到，这些关于什么是艺术，它的功用是什么的问题涉及并表达了概念上的、美学的、政治的和伦理的术语，不仅是这些极端的例子，还包含了整个坐标上的所有——实际上，所有的共享社会空间。进一步来说，这是一个紧张的空间，其中不兼容的和甚至不可理解的元素互相碰撞，或者在有限的坐标的情况下共存。

此书目的有二：一方面，它向新手们介绍了哲学家利奥塔的一些主要思想观点；另一方面，它向那些已经对利奥塔有一定了解的读者提供了利奥塔艺术思想的评论和阐释。这是丛书中的一本。这套书在"重塑"（reframing）或"被重塑"（reframed）的框架下，剖析了一系列艺术思想家及其各自的观点。对于系列中的至少四个人物——利奥塔、海德格尔、德里达和德勒兹——用重塑这个概念，都恰如其分。因为他们都用自己的方式，审视和质问了界定某事物意味着什么。对于总体思维方式、概念范式或"元理论"（meta-theory）（或赋予其特定的意思、形式或特性），他们都试图提供探索和组织事物的方式。说到利奥塔，毫无疑问，他整体的方式就关乎"重塑"和"被重塑"，并不停质疑这样的"重塑"，此种方法，并不像是一个框住手绘画布的木框，一个舞台台口上的拱或电影屏幕，一个故事大纲或全知全能的叙述者，抑或胶片上的一帧画面；他的方法其实是一种"元叙事"（meta-narrative），一种"戏剧的"或幻影的舞台布置，一个输送能量的工具，一个你脑海中的画面等。利奥塔探索并质疑如何用这些界定来帮助我们获取合理的知识和理解（比如，什么是可接受的，什么又是不可接受的；什么是真实的，什么又是不真实的；什么是我们能做到也应该赞同的，什么又是我们反对的），以及它们如何控制和规范我们的现实感。但是更重要的是，利奥塔也在质问，我们怎样能够挑战和抵挡它们施加在我们身上的力量。

带着以上的问题，我们来看一下利奥塔被选入这个系列的原因。这个问题很重要，因为很多人（很多只对他了解个皮毛的人）将利奥塔的观点看成陈词滥调，认为他在文化上的讨论和对政治问题的探讨已经落伍了。我想造成这种误解的原因有两个。第一，他的作品很自然地与"后现代"（postmodern）紧密联系在一起，这个词在批判界里已经过时了。这样并不是很公允，因为利奥塔所提出的后现代主义，与人们通常对这个词的理解和使用并不相关。可知，将利奥塔收录在此系列，不光因为"后现代"这个概念影响力持久，而且因为它不可或缺。

第二，我认为是与决定知识生产的经济相关，经济关乎意识形态、市场营销、社交、出版、高校科研概况、资金和就业机会等。这些逐渐主导和重新组织了"仓鼠的滚轮"（hamster wheel），席卷了学术界。另一方面，名人、名气和商业的变迁，包括名牌、花俏的展览、企业赞助的名目、活动管理、艺术市场的全球化，这些都日益塑造着"艺术的"世界。将二者联结在一起的，是源于对"下一个热门"日益狂热的追求。因而，利奥塔和其他艺术思想家逐渐淡去，取而代之的是知识分子圈或艺术圈更新颖、更市场化的理论或人物。当然，利奥塔对自我推销、哗众取宠，或者迎合社会对"观点"永不满足的胃口并无兴趣，也就自然不会去推动这种狂热追求的现象。

有幸的是，在过去的十年，对利奥塔思想的热情又一次复苏了，并势头强劲。这要归功于詹姆斯·威廉姆斯的可敬的努力。最近，一些思想家如阿什利·伍德沃德和基思·克罗默，他们在杰弗里·本宁顿，比尔·雷丁和安德鲁·本杰明的基础上，把利奥塔的思想热潮又带了回来。这是让人欣喜的好事，因为利奥塔的思想总的说来没有得到应有的重视。由于这套书是关于艺术，尤其是视觉艺术的，因而本书的框架，具体到每个章节，我都围绕利奥塔哲学作品中与这些问题联系最紧密的关键概念来组织，即：形象（the figural）、力比多（the libidinal）、崇高（the sublime），当然还有后现代（postmodern）。这样组织本书的内容，旨在强调贯穿利奥塔思想和作品中的连续性，这一点是一直被忽略了的。因此第一章和第三章旨在分别探讨形象和崇高这两个特定概念，第二章和第四章则是关于利奥塔对力比多和后现代的更为广阔的探讨。这四个元素就是我的论点和我所讨论的艺术品的主题或思路。

在正文开始之前，我想先简要地让读者一窥接下来的内容，指出利奥塔在其哲学著作中以不同方式反复讨论的三个互相关联的主题。第一，艺术是主要关乎感受的(艺术如何让我们感受)，在我们思考内容之前，感受永远是第一位的。这是因为，我们在看到艺术的时候，一定先用到至少一样感官(甚至语言也需要我们的耳朵或眼睛去感知)，因而艺术在影响我们的思维之前先影响了我们的身体。第二，艺术品一般来说是具有变革性的，能够颠覆我们思考和感受的习惯和常规。第三，接触艺术通常构成了一个事件。相对说来前两个主题似乎不言自明(尽管一旦我们了解了利奥塔对此的看法，事情就不再如此了)。可能要对第三点稍着笔墨。"事件"(event)这个词反复出现在利奥塔的所有作品中，在不同的语境下含有具体特质和指代意义。通常，它的反复出现是将艺术作为一个事件的可能性，把艺术看成我们际遇的，或发生的事情，难以理解或言表。从某种程度上来说，它是不确定的，或者出乎我们能感知和理解的范围之外，甚至是一种让我们的时间感和自我感错位和断裂的东西。然而，在利奥塔所有的作品中，都没有一次对"事件"(event)这个概念作一个单一明确的定义。在我看来，这是故意为之。他似乎在暗示，给这个词下定义有一丝背叛它的意味，会略去其最重要的部分——因而，利奥塔不去对它作精准明确的定义，而是去强调语言和人类理解力是如何运作的，以及它们的内在限制。

接下来我想要表明的是，利奥塔的思想经久不衰，引人深思，具有挑战，除了人们对其公认的内容，还有更多值得深入研究的地方。实际上，利奥塔的作品重新探索了一些没有被充分讨论（可能永远也得不到充分讨论）的疑问和课题，继而开拓了研究的新途径。它在传统美学问题的狭窄定义上扩展开来，拥抱接纳多种多样的方法，促使我们去思考和质问，而非轻易接受最先呈现在我们面前的简易的答案。

第一章

The First Chapter

形　象

艺术中，只有一件事情最要紧：那无从解释的。

　　　　　　　　—— 乔治·布拉克（George Braque）

能用言语来描述的现实都不是现实本身。

　　　　　　　　—— 维尔纳·海森堡 （Werner Heisenberg）

用一只眼睛观看，另一只来感受。

　　　　　　　　——利奥塔（Lyotard）

提到视觉艺术，《话语，形象》可能是利奥塔的作品中最晦涩难懂也最耐人寻味的一本了。这部作品本是利奥塔的博士论文，写于1966—1968年。书中许多哲学和美学问题成为利奥塔之后职业生涯中一直探讨和重新推敲的核心主题。其中最重要的一个主题是对艺术的本质、地位和活力的审视，尤其是"理论"能给我们带来何种所谓的解释或洞见的问题。实际上，什么是解释模型，它旨在提供什么，是利奥塔关注的根本。与之相关的一个问题是，从何种程度上来说（倘若有的话）语言可以传达或捕捉那些非语言事物的特质——也就是说，用话语来描述画面有何内在局限？因而，《话语，形象》就是这样一本对知识和再现的局限性的批判，对当代的诸多领域、问题和论战都有深远的影响，其中包括了对结构主义、符号学和拉康精神分析遗产的不断重估，以及关于"文本性"（textuality）和"视觉素养"（visual literacy）的某些观念的主导地位（我们甚至可以用帝国主义来形容）的问题。这些观念可是遍及人文学科，在当今的"文化研究"里也是大行其道。

《话语，形象》以一系列乍眼看去互不相干的论点开篇，其中有四点值得我们先讨论一下。首先，利奥塔指出，他的书是从"侧眼"（the side of the eye）的角度出发，并试图为其辩护。那么，我们可能会有这样的疑问：针对什么而辩护呢？答案围绕"我"和它所涉及的一切——针对那些毋庸置疑占主导地位的思想、理性、确定性、意识、语言、含义、认同、秩序和稳定（这些都排斥或忽略了情感、身体、潜意识、感性以及失调等）。简而言之，这里所说的辩护是针对话语、知识和理解的综合势力，为感知和感受辩护。利奥塔的第二个论点指出，自柏拉图开始，西方思想就一直崇尚理念和理性，压抑身体和感官（DF 5）。利奥塔向这样的历史叫停，要逆行其道。感性对于利奥塔来说，既不支持思想和理性的自行其是，也不单单是它们当中的混杂物。他的第三个论点指出：感性并不是"文本"，不是拿来被"阅读"、定义和理解的，它也并不附属于概念，它在本质上是逃避这种想法的确凿性的（DF 3-4）。最后，利奥塔阐述了他自己看待这些问题的方法，是"迂回"，进而为"意识形态的实践批判"铺路（DF 14）——也就是来剖析这些偏见是如何渗入政治和日常生活的（这个论点我会在本章结尾处阐述）。

《话语，形象》以一段阅读和观看现象的对比为切入点，开始了它的总论述。此书多处以不同的形式审视这个对比，一是为了由简入繁，二是为了再由繁入简。[1]利奥塔阐述说，阅读从根本上来讲是"话语的"，它关乎语言、文本性、含义和概念化。它是"扁平的"，涉及固定的可交换的元素。相反，观看是"形象的"，关乎可塑性、不透明度、密度和感受。它是"深刻的"，可变的。这些术语的

---

1. 这个三步式动作对于读过德里达早期演讲与著作的人来说，可能并不陌生：即先确认这个两极对立，然后反转条件的优先顺序，最后针对"非概念"的差异置换并且颠覆关系本身。实际上，这种方法论的"相似之处"也正是鲁道夫·加谢对利奥塔质疑的根源，他质疑利奥塔与德里达的解构（或文字学）项目（见 Gasché 1994: 22-57）是紧密结合的。然而，我们应该注意不要简单将利奥塔关心的问题与德里达的混为一谈，因为尽管利奥塔使用"解构"一词（在他写作那个时段，此名词并不是德里达的目标和哲学中专有的词），利奥塔对德里达著作的诸多方面持严峻的批判态度，他认为德里达对于含义与原始文字的论述过于依赖从符号学和语言学借来的概念。——原文注

含义和启示会随着我们接下来的思考更加明晰(矛盾的是，也会更加扑朔迷离)。

阅读是一种优先考虑含义(因此也是概念化)的行为。在我们的文化里，我们通过阅读文本(包括书籍、画、照片、情境，甚至我们眼前的世界)来发掘可辨识的意义或明确的想法。我们认为真理或启示就处于或隐藏于我们所经历的事物里，等待我们去发现。因而，阅读是一种解读行为，是对文字的解码或破译，是基于它的形成和呈现所依据的规则和习俗，通过含义来对概念进行提取。

因此，利奥塔指出了这种"文本"论(推而广之，普遍意义上的话语)中包含的一种内在的、侵吞式的简化论，体现了理论的特征；这种简化论将这些体验的物理上的和感受上的因素仅仅归为对这些事物表现出的可辨识的概念的支持。然而，在所有利奥塔的作品中，他都不厌其烦地声称，艺术挑战了这种观点的不足。一幅画所包含的远胜于单纯一个信息的传达或沟通——我们在解释一幅画作，或以散文方式阐述一首诗的时候，必然从根本上背叛了那些让画作或诗歌独特动人的表达性特质。[2]

当语言和画面被"并置"时，西方文明很明显地优先考虑话语、文本和含义，文本的含义也潜在地取代或覆盖了我们所见之物潜在的、模糊的和晦暗的元素——比如照片的说明文字，漫画的气泡文字框，甚至艺术品旁边的说明性牌匾或目录——利奥塔实际上想得更深。当我们读

---

2. 正如利奥塔所述："我们并不能说克利的铅笔在纸上的走线充满了意味，如同他在某行写下的字母，然后简单地称其为'注定的跳跃'，二者是不能相提并论的。"（DW 28）——原文注

一本书的时候，我们当然首先"看见"它：在去理解它试图要表达的内容之前，我们先在视觉上把它当成一个文字组合的物体来看。但这种"看"的行为同时也被省略了：阅读书面文本让视觉上的可塑性和易变性退居次位，被压抑在下。

然而，说阅读压抑了观看，为何意？利奥塔解释说，当我们不再注意或意识到，我们看到的实际上是在一个平面或支持面（比如一页）上以固定距离空间排列的图形标记时，我们才能进行所谓的"阅读"（比如，解读含义）。我们的注意力不会停留在这些以固定方式进行有序空间排列的标记（字母）上，这是阅读的一个关键属性。实际上，我们"透过"这些文字去看它们表达的含义，仿佛这些文字是透明的，仅仅是一扇通往别处的窗户［类似于柏拉图的思想境界（realms of ideas）的说法］。从某种意义上讲，字母和文字也是一种图像，就像照片一样（尽管文字与它们所指代的意义看起来没有照片与实物那么相像）。但我们在阅读文字、超越它们去寻找其所谓意义的时候，却忽略了它们的视觉物质性。一个词的字母可以有一些小的改变和变形（如改变大小、颜色、字体；采用印刷体或书写体；拼写错误或遗漏某个字母），但在一定范围内，是不会影响文本的可读性的。更重要的是，文字"意义"的理解性也不受影响。考虑到这一点，利奥塔的论点就显而易见了。通过辨识的行为，人的思维可以基于经验，去看他想看到的东西。因此，利奥塔的论点就是，写作的"可塑性的"或图像的元素被压抑了，让位给了话语单元的概念性联想——从这一点来说，一封成形的作为整体的"信"抑制了组成它的"每行文字"。

利奥塔阐述说，这种被压抑的和遮掩的可视性是话语危险的"他者"（other）。它既是一种要被过滤或省略掉的杂质，同时也是使阅读成为可能的条件：因为人们要阅读一个文本，不可避免地要以一定的方式去感知它。这可能是危险的，因为在这种情况下，文本越被突出（比如我们越被色彩、对比、不寻常的排版或者出乎意料的间距所分心），对它的理解和含义的干扰就越大：简而言之，观之行间，失之字里。这造成了一种不及物性（intransitivity），让我们所看到的变得朦胧不清。[3]

利奥塔将可见之物的这种颠覆性的、"令人困扰的"一面称为"形象"（the figural）——因为可见之物就是既包含在话语里，同时又独立于话语之外的一种影像。当我们超越了组成文本的清晰可辨的单元，还有固定的间隔或间距时，我们潜在地动摇了话语原本有序的排列，颠覆了信息的沟通流，在含义和阅读行为中引入了一种张力、摩擦和密度。利奥塔指出，这种张力来源于在"相同空间"里看似互不协调的元素的扎堆儿——它们处于一种自相矛盾、不可相提并论的关系中，共生共存，无法简化。

进行下一步讨论之前，我们得稍作停顿，推敲一下利奥塔提到的这两个名词，"话语"和"形象"。"话语"一词，总的来说是指为了沟通和再现的目的，对词语进行有意义的、正式的排列。但对于利奥塔来说，"话语"也意味着语

---

3. 当文本转化为更具图像性质的东西时，它的重点从阅读的透明度变成了形象的观看，从意义变成了与眼睛明显的接触。解释这一转化的典型例子是中世纪的"泥金装饰手抄本"（illuminated manuscript）及其装饰性的字母和旁注。——原文注

言符号将知识和经验组织（根据语言的自我封闭结构）成为一套累加的概念系统。相反地，"形象的"（figural）一词，既衍生于"形象"（figure），也是对"形象"的修改（因此也挑战了"形象"一词的常见含义：界定出轮廓，或提供一种视觉上的结构）。利奥塔用"形象"来指代在视觉上颠覆了"话语"或者侵犯了文本性结构的那些转化或干扰。[4]利奥塔本应用"反形象"（dis-figural）一词，因为这么说才更准确地概括了他的想法——形象，是一种感知上的暴力，或认知上的蓄意破坏或涂鸦，因为它招致了毁损、干扰、歪曲、丑化和变形。它尤其在形式层面上造成了干扰——因为这也是可辨识性的层面，在这一层面上，对我们已经知道和理解的东西作认知上的判断。

利奥塔把先前的对比推进了一步：一方面是阅读，一种表达概念的对语言的话语性使用；另一方面，是让人困扰的可视性的形象。利奥塔提议说，实际上，语言和视觉的前提和特征从根本上来说都是不同形式的否定性。利奥塔这里所指的语言的概念源于瑞士语言学家弗迪南·德·索绪尔，索绪尔的理论奠定了符号学（符号系统的研究）及结构主义语言学的基础。概括地说：索绪尔指出，与其从进化的角度研究语言（其由无数不断变化的元素组成），不如将其看成一套从一个时间点到下一个时间点，稳定的、虚拟的和自足的完整系统。这个被称为语言（language）的系统提供了这样一套潜在的或无意识的组合结构，个人的话

4.我们不应混淆利奥塔使用的"形象的"（有时甚至是"形象"）与"形象化的"（figurative），后者在艺术史上用于描写对物体的描摹写实（无论是物体的形式、轮廓或外形，还是可辨识的相似性，比如人体肖像画）。——原文注

语或言语（parole）则基于这个组合结构得以组合和实现。

　　语言的结构是由"无正项差异"（differences without positive terms）组成的，其中内在元素的价值仅仅由元素间不同的关系来决定或区分：也就是说，语言的单元并无独立的内在特性或自身意义。这套变音系统中的每个单元的独特价值在于它与其他共同存在的要素间的关系或差异，这关系就是它在系统中的"价值"。从最基本的层面上来说，这些互相关联的单元是音位的（即我们所能区分的最小的声音单位，比如b不是p，不是c等）。声音元素可以组成词语，这时差异化过程出现了（如bat不是cat，不是rat）。正是在这个层面上，价值的差异才造成了意义的差异。这些差异通过一种概念分化的类似过程而相互关联在一起。为了理解这一点，我们将感知和思维看作两个不定形的（无分化的）区域，或者泾渭分明而并排流淌着的两条溪流，我们朝两个区域投掷一个网格或"网"，在这个网落下的地方，网的线将这两个区域分成许多分离的网格状小块，但两个区域通过这些小块联在了一起。实际上，一个区域的不同"网分"会造成另一个区域相应的区分变化。思维与"世界"就是这样一种同层面的两个区域的关系，由"网"决定的关系。实际上，这个网就是语言这个自我封闭的系统，它产生含义，但不体现先于含义存在的意义。然而，我们应该看到，尽管这些特定声音与意义的捆绑从其历史来源上来看是任意的（arbitrary），但是对于日常使用来说，一旦二者关联到一起，它们之间的关系就普遍被视为"有理据的"（motivated），因而"固定的"（fixed）（即便是未得到广泛认可的惯例，亦是如此）。

索绪尔也表明说，语言的表述实际上也是符号。口头语言（可扩展到书面语言）实质上是由差异化的符号组成的系统，每一个符号都是上述两个区域分别的关联点。因此，对于索绪尔来说，符号是原则上不可分隔的两个心理部件的合一，正如纸的正反面。一面是"能指"（signifier），即由特定的感官接收（比如音位的结合或书面的字母表）带来的心理上的印象；另一面是"所指"（signified），即与能指所对应的精神概念。比如说，"狗"这个符号（不管是说出来的声音，还是手写下来的字迹），让人在脑海中联想起一个具体生物的概念，理念上来讲是四条腿的毛茸茸的"汪汪"叫的动物。根据索绪尔的理论，任何有意义的经验，都是由符号这种元素组成的，它们的差异可被辨识，也可根据特定的社会惯例组合，类似于音位的构成。这个理论的一个关键点是，这个与符号相关联的（它所"指代的"）"物体"本身在索绪尔语言学中没什么意义。换句话说，在索绪尔的论述里，一个符号，比如"狗"，并不指一个特定的物理实体，而是这个能指所代表的相关的精神概念。

索绪尔的论述对语言学的发展影响深远，也对哲学、社会科学、文学研究和艺术史有很大影响。它在上述领域提出了很多关于社会沟通本质和角色的重要问题。实际上，结构主义从一系列思想家（比如列维-斯特劳斯、巴特、拉康、格雷马斯和托多洛夫）的作品中直接脱胎而出。他们将语言看成自我包含的、差异化的、可组合的虚拟结构，这个结构产生符号，并界定其对应的意义。结构主义采用了这种对语言的看法，把它应用于人类行为、文化产物和文化意义的再现形式的方方面面。因此，结构主义从整体上审视概念，比如时尚、料理、血缘体系、文学、电影甚至"无意识"，将它们看成有意义的、自我包含的、普遍的和由规则支配的符号系统，其运作类似于口语和书面语：简而言之，是能够被解码和理解的意指文本（比如"阅读"）。

利奥塔赞同语言是由"无正项"（without positive terms）关系定义的这部分观点。然而，他指出，语言的系统性是基于一个"扁平的"自我封闭的网状结构，严格来讲，元素间因它们的对立（具体的单元之间，以及任何指定单元和系统整体之间）有所区分而相互关联，而不是因它们的差异。此外，语言结构的运作类似于一个由横排竖列组成的表格，其中不连贯的单元或细胞根据特定的编码或规则在一个方向上被代替，又在另一个方向上与其他结合。利奥塔要表明的是，这些单元是由固定不变（尽管看起来是有间距的）的间隔联结在一起的，这个过程体现在讲话的具体实例中。比如，在讲话时，一个特定的词一被选定，在话语组合的过程中，就立即排除并抑制了在当下这个位置其他任何可能的词语的存在，并以此类推，在接下来的每个位置都如此。简而言之，一句话就是由一系列的排他性组成的。相似地，书面文本也是以同样的方式构成的，因为任何特定词语的选定都在排除其他所有的可能性，而这些选择就在页面上以固定的间距排列开来。

利奥塔将这种排他的系统描述成一种"否定"形式，体现了语言作为符号系统的特征。但他同时也表明说，这并没有解释指涉性（referentiality）是如何出现的以及是否会出现：就是说，言语指代的是与语言分开的"事物"或经历(无论是否准确)。尽管倘若没有语言的中介(甚至在思维的层面),我们无法理解任何事情,但这并不意味着我们经历的所有事情都可被简化为语言。此外,因为这是一个由有限的、不连贯的、相对可互换的单元组成的组合系统,在某种程度上来说,每种可能的组合和排列都已由结构本身释明了(确实,甚至是预先决定的)。因此,所有的一切都必存在于这种可能性范围的内在限制下,或受其规定的支配。因而,索绪尔所描述的语言并不能解释任意发生的"事件"、不可预测或出乎预料的关联、意义或效果的偏差(除非是沟通"噪音"导致的错误或疑惑)。因而,索绪尔或结构主义者的理论所不承认的"他者",毫无疑问会产生这些效果。

语言的否定性涉及了在排他和排除的过程中,不连续元素的对立和取代。对此相反地,利奥塔认为视觉感知的特征在于一种不同的否定性。利奥塔在此借用了莫里斯·梅洛-庞蒂的现象学研究,他指出,视觉的前提是一种基于移动性、合成和"超越"(transcendence)的否定性,但更重要的,是基于距离的否定性,这里所说的距离指的是感受为变化的构成间距。它涉及了构成性的变化的间距,这些间距将一些要素联结在一起,同时不排除其他相关的要素。

梅洛-庞蒂的感知研究指出,眼睛既不是固定不动的,也不是独立于它所"看到"的世界以外的;它是一个联结了主体与客体的连续体(他称之为世界的组织或"肉身")上的又一个移动的元素。实际上,在梅洛-庞蒂看来,我们之所以能感知,是因为我们拥有身体而存在,也就是说我们是有载体的。这里所说的载体并不是像驾驶一艘身体船（如笛卡尔的著名描述）那样，而是知觉和身体是浑然不分的整体。因而，眼睛（作为身体的一部分）并不是只看到呈现在它面前的东西，它本身就是被呈现的东西（不断变换它的位置）的移动的一部分，受所见之物的影响。眼睛在移动，在眼眶内移动，也随着整个有机体持续的移动而移动。它的"视力范围"是一个相互作用的移动场。这个过程中，注意力的视觉点是定向的，也是不断转换的。这个视觉场，由眼睛在任意时间点能看到的东西组成，是一个复杂而持续的构造。它所组成的元素与作为场景一部分的观察者本身相联，这些元素前后移动，在视力范围内进进出出，或者相对于一个"超越"的地平线，展示或暗示了连续或重复的"面"。

梅洛-庞蒂的超越概念借自现象学家胡塞尔，它指的是我们还未看到或无法看到物体的全部，但它一样暗含在我们所见的东西里：就是说，感知中暗含了一种连续性。正如"物体"呈现了某一些面给我们，而隐藏了它的其他面。比如，我们必须变换角度才能看到一个立方体的背面，但无论我们如何变换角度也不可能同时看到它的所有面。然而我们将其看成一个有"背面"的物体，同时也是一个完整的整体。通过我们的活动与存留记忆的结合，我们下意识地将这些变换的视野合成（在认知上组装和整合）为看似"客观"的（或约定俗成的）空间内的可辨识的物体。在这样的空间内，我们能和这些物体产生不同的距离。这种均质空间感源自一种异质的构成性"深度"。梅洛-庞蒂认为这种深度是原始的，其他的空间维度（比如高度、宽度和长度）都由此衍生。这种深度，让身体有其位，让世界逐渐丰满，成为一系列的连续或重复的不互斥关系，并决定了里面出现、移动或隐藏的"物体"与我们之间的距离，而这种深度本身是"不可见"的。它作为一种超然的差异而存在，可见之物从中衍生。这种深度是一种潜在性，不能被简单视为是可见物的对立面。简而言之，这是可见物的"他者"——让可见成为可见的不可见。

文本涉及一种否定性与另一种否定性的碰撞。了解到这一点，我们方能开始理解，可见物是如何在话语中作为一种颠覆性的或有张力的形象存在的，以及它是如何潜在地破坏或威胁为文本可读性提供物质支撑的固定间距的。当阅读与观看、字母和行、话语和形象被置于同一"空间"的时候，它们不可相提并论，也不可简化，这时一种根本性的"他者"即将浮出水面。

利奥塔进一步指出，这种可见物的内在否定性，以及它所构成的根本的"他者"，在某种重要意义上，侵入了语言，而语言也同时是它的先决条件。在语言里，有一种"观看"，扮演着相似的模糊的角色，它颠覆了含义和其必要的先决条件，成为自己要排除的语言互动的特征本身，同时又依赖这些特征以发挥其功效——指定（designation）和指涉性（referentiality）。

指定是指明（indication）的一种形式：语言发挥"指向"（pointing）的功能，指定而非意指（或替代）世界的方方面面。正如利奥塔所强调的，尽管语言的使用是任意的，本质上无缘由地吸取意指的元素，但它并不是一个完全抽象、中立、自我封闭的过程。语言自己并不"说话"，而是被讲话者所用，并且包含于讲话者本身的。它在特定情况中被使用，并不停让我们注意到超语言现象。它用于"指定"一个人环境的具体特征，此人与环境的联系，与环境的感情，并且这种指向的过程在不显露含义的表格式结构的情况下，重现了个体与环境可能的距离。比如说，尽管有"猫不是帽子不是垫子"（cat is not hat is not mat）的符号系统，如果我们想让别人注意到某只具体的猫（比如现在坐在我前面的这只猫科动物），我们仍要依赖"指示语"（deixis）来达到这一目的。类似的指示词有：现在、你、这里、那里、以上、之后等。它们表示了时间或空间中的位置，但是它们在不同的语境中的意思是不同的，或者说被转化了的，因此这并不符合索绪尔的论点。当然，我们可以相对于"那里"的反义来说"这里"，但是"这里"可以是相对于很多可能的位置而言的，无法简化为语言结构中的一个直接确定的位置（旁边，下面，上面，附近的，挨着等）。指示语的作用并不是通过排他或者排除来达到的，而是依赖于从视野区域中汲取的连续关系。视野这个区域（不同于语言结构），并不是指中立、普遍甚至无形的定位。在这方面，眼睛甚至身体的位置对于区分开语言单元的对立是毫无影响的。

从这个角度来说，"指向"并不是封闭的意指系统的副产品，因为它把我们引向了超语言的东西。指示符号同我们进入这样一个感官氛围，它不能被简化为非此即彼的对立，而是使得含义和我们之间的关系更复杂了。从本质上来讲，通过指定，"视觉"侵袭了语言，同时也让含义本身成为可能，因为它将语言从其本身中提取出来，将其置于具体的话语中。

利奥塔针对斯特凡·马拉美的一首先锋诗歌"Un coup de dés jamais n'abolira le hazard"（《掷骰子永远也不会消除偶然性》，见图 1），做了一番论述。他梳理了关于移动性、间距、距离、否定性和指定语的一些思绪，并重新审视了他最初对阅读和观看的对比。他解释了视觉是如何在文本中引入了形象元素的，也使得指涉性与含义处于对抗关系。事实上，书面语言和含义之间转化的不同方式的出现，反而让书面语言和含义二者本身都变得陌生难认。

图 1. 斯特凡·马拉美 《掷骰子永远也不会消除偶然性》（1897）

首先，这首诗的特别之处在于马拉美在印刷文本可塑性上的特意着重。之前我提到，阅读的理解是以压抑文本的图像属性为前提的，只存在一些轻微的排版错误或变化；然而，马拉美通过不寻常的排版来突出这些图像属性——比如不同的字体，字的大小变化等——这与我们通常所期望的有所偏差，不容易被忽视（这些变化有时与这些具体词的含义或者重要性关系甚微）。

第二，更重要的一点是，马拉美对文字的布局与我们通常的阅读模式相悖。他并未将文字疏密一致地排列，而是进行了激进彻底、变化多端的布局（一种"移动的不动"）。这样一来，他就将文本断裂、"打乱"开来，破坏了文字的固定间距或连贯的间隔，等于是破坏了我们的阅读理解习惯。这样做，马拉美迫使读者停留在文字和词组上——让他们不仅注意到文字的意义，同样注意到这些文字和词组极具意趣而看似偶然的布局。利奥塔指出，这迫使我们用一种陌生而疏离的方式去观看文本——眼睛需要慢下来，或者反常夸张地跳跃，使得它在对概念进行抽象概括之前，得先花点工夫进行一番空间的感官体验。

第三，通过这些转化，马拉美强调了语言的指涉性维度——文字以固定的距离承载事物——但是现在，这种距离本身成了体验对象，颠覆了意指系统本身扁平的、表格式的空间，解构了阅读和观看之间的对立，而主张一种更复杂的差异观念。通过这种行为，马拉美突出了现代艺术的一个关键特征：将艺术从社会期望中分化出来（"为艺术而艺术"），并不意味着简单地从世界或者物体中抽离出来，或者消除世界或物体，而是强调这样一种"拉开距离"（distancing）的效果。这样，视觉指涉性的形象常常被引入到话语中，继而话语被省略或者置于从属地位（Carroll 1987: 35）。简而言之，打乱布局（disarragement）让我们专注于这种"拉开距离"的效果和转化（即形象）运作的本身。我们看到的不光是结果，还有这一过程敞开的运作。

这一马拉美风格的例子，也让人注意到一种侵入话语中的不同类型的"观看"。借用马拉美的说法,利奥塔将其称为"诗意的语言",并称它有"关键性的"功能。这种使用语言的模式使得语言与自身对立,它依赖于使用修辞比喻和"修辞格"(如暗喻、转喻、提喻、反讽、夸张等)来置换或压倒话语的字面意思或者其纯粹的沟通和传递信息的功能。并且,它们生成了额外的"侧向关系",这种关系产生了更强大的表现力、奇怪的增生物和不合逻辑的联想,剧烈地破坏或"撤销了编码,而同时没有完全破坏信息"或信息所表现的"真实"(利奥塔认为,后者并不是指文本的概念内容,而是指它对这种转化过程的展现)。

这些语言手段(之后被阿波利奈尔和马里内蒂等人采用并发扬)将不同的概念捆绑,或让文字的指定性维度与其传统的含义相对立,呈现出乎意料的关联、表意和意象,继而来转化或扭曲文本的含义。在利奥塔的阐释中这种效果非常关键,因为文学的这种形象"诗化"对话语进行了去文学化,破坏了它的面目,并且"剔除了措辞平淡的沟通功能;(正如马拉美展现的)……其中有超越它的力量,一种需要'被观看',而不仅仅是被读——被听的力量;是呈现形象,而非仅仅意指的力量"(DF 61)——去"看见"观看。

总的来说,这些手段和技巧通过特别的样式破坏了已有意义结构的面目和稳定性,将令人惊愕并一发不可收拾般越界的"事件"引入到了含义中——它们卸去了话语爪子般的禁锢,导致语言产生了痉挛、颤抖、悸动和共鸣。

利奥塔讨论马拉美有其他两个作用:第一,这一讨论阐释了艺术作品是如何可以在语言之内,出自语言本身

（"文学"）被创造出来的——将作为沟通方式的话语的规则和期望进行内部的富有创意的转化——以免让我们误解利奥塔认为只有图片形式才能成为潜在的艺术作品；第二，也就是我推迟到现在才讨论的问题，这一讨论使得我们可以了解利奥塔本人理论的一个情况——考虑到他对话语和解读的批判，以及《话语，形象》本来就是用话语名词呈现的，那么利奥塔是如何定位自己对这些问题的话语分析的？

　　这涉及利奥塔的一个主要论点：我们无法在放弃或者完全回避语言（推而广之，思想本身）的情况下依旧顺畅地与他人交流，因而我们永远也无法将话语和形象彻底分开。二者在所有的再现活动中，都不可避免、不可比较又不可简化地共同存在——我们不能通过简单地忽略二者之一，或者将其中一个归划到另一个里去来消除这一点。关键是我们如何沟通、利用并最好能解构这种紧张的关系——我们如何才能展示，二者之间的对立终归只不过是一个差异的有限的再现，这个差异让二者区分开来、产生距离，并矛盾地横贯二者。在这里，视觉和文学的艺术作品使话语理论（尤其是想要"谈论"艺术作品的理论）能消解自身、挑战它本身侵吞的倾向，并在话语和形象的内部和之间营造了一个开放的移动空间。

　　这样做的目的是使用这些形象手段来使得理论语言进行自我对抗，牵动那些产生空隙和漏洞的松散线索，通过这些空隙和漏洞，产生了奇怪的活动或效果——艺术的创造力和艺术性反过来转化理论，即艺术理论必须在某种程度上涉及理论的艺术，一种"语言的绘画"，这是个无法逃避的事实。《话语，形象》也不能免于这一点——它也应该试图去超越和解构自我。但是利奥塔在书的开篇中坦言，在某种程度上，《话语，形象》必然是一种"失败"。此书故意对艺术、语言和意义的多种讨论进行干预，在上头"做功"，书的两大部分（分别致力于现象学和精神分析学）都在揭示、利用和呈现理论内在的张力。尽管如此，《话语，形象》依旧是一本试图意指的书，依旧有很强的系统性和文本性，我们可以说，在很大程度上，此书的风格依旧颇受话语的限制。

之前我提到，利奥塔的既定目标是解构话语与"作为可见性的形象"之间的对立，持续消解它们之间稳定的关系。这不仅需要证明视觉（去）形象化话语，同时也要证明话语在某种程度上（去）形象化所见之物，那么利奥塔转而审视视觉感官本身的结构属性，就很好理解了。我们再次回到梅洛-庞蒂的现象学研究，利奥塔表明，视觉本身取决于一定程度的布局和组织，这种布局和组织的功能在某种方式上类似话语，因而视觉可以反过来被打乱形象。

有趣的是，在这种奇妙的逆转中，这些发挥形象功能的属性，它们动摇了语言的有序性和稳定性，同时也针对感官进行了"话语性"的运作。尽管作为视觉前提的否定性有所差异，眼睛和视野的运作结构类似于话语，组织了所见之物的要素。更具体地说，正是"注意力"让我们在视野范围内可以分主次地注意某物。

比如说，中心凹注视（foveal vision）在人类中是最常见的，因为聚焦发生在视野中间的小区域，中心对齐。这促使我们对既有的概念做出回应，注意和辨别出熟悉的物体，比如说，这个椅子和我过去见过的椅子一样。眼睛的总体活动因而取决于对这些物体的辨认，通过一种合成的过程，人们无意识地在认知上根据物体展现的"方向"将其组合（比如，从不同角度观看一个物体使得我们"不断地"从视野中将其分离出来，从这个本是连续的背景中提取出来，因而让这个物体变得可以接近把握）。相似地，色调的层次变化和平面的并列使所见区域呈现差异化，展现出一定的结构，并有助于组织调和所涉物体所在的空间，因而强化了我们这样的印象，即视野是稳定、连贯、同质、合一的。

历史上，西方文化一直试图通过发展多种多样的画图习俗来"复制"这种注意力集中的视觉。这些习俗从视觉如何生成这一主导概念衍生而来，互相延续，这也是梅洛-庞蒂特别反感的。

一个基本的问题是，我们对于观看的传统观念基于一种对光学的哲学模型和科学模型的特殊融合。从光运动的数学原理以及物理细节上来讲，这种融合是没错的。然而针对观看的体验来说，这种融合是失实的。这种视觉模型的历史可以追溯到几百年前，影响至今。其前提假设是，眼睛是消极不动的光线接收器，因而用抽象的术语来说，视觉就是直线移动的光线在我们的视网膜上汇聚并留下印记的过程。

对应艺术方面的，是"点"的原理和线性透视，它们在过去600多年的西方艺术中占据了主导地位。这些原理在14世纪欧洲文艺复兴的初期兴起，以马萨乔、阿尔贝蒂、丢勒和达·芬奇的试验、作品、方法论和教学为根基，利用并夸大了某些视觉特性和光学效果，比如改变大小和对透视缩短（foreshortening）的夸张使用，以使三维物体的轮廓"转译"到二维表面。

这些绘画技巧中的重点涉及对几何直线直接或隐含的呈现，即一个或多个"消失"点聚集在画面的一个虚拟地平线上，以此来呈现物体的空间布局，产生一种相关的数量感或纵深感。这个画平面是虚构的一个长方形，通过呈现所绘物体及其有限的、局部的轮廓，来表现一个可辨别的图像，对原始的三维物体进行点对点的呼应（并取决于呈现面的大小），比例可大可小——比如，丢勒著名的"金属网格"，就是专门为了表现和促进这种"转译"的特殊手段。

在这些基本原理和技巧基础上发展出来很多其他技巧，比如色彩对比和色调调节。所有这些技巧的基本目的都是去提高绘画写实的准确性（即真实地呈现事物本来"是"什么样的，或如何真实呈现在我们眼前的）。因此，这些技巧提供了一套规则系统，一经学习和吸收，就能让观察者以一种约定俗成的方式，对图像画面做编码和解码（如阅读）。

梅洛-庞蒂不赞同这种观点，他认为，视野和使得我们拥有视野的现实中的透视，"并非几何的，或图像的"。进一步讲，我们呈现可见物体的传统透视技巧只是一种习俗，并非是对我们所见之物的准确呈现。对于视觉的传统观念和线性透视的发展源于这样一种模型，它并不看重将运动的重要性作为感官和认知合成的基础（显然，从生理上来讲，我们是用两只眼睛视物的，因而在其进行认知合成之前，就已经有两个不同的视角了）。即便先不考虑这一事实，也可轻易看出，这是从数学概念中抽象出来的一种"理想化"。我们要想掌握梅洛-庞蒂批判的主旨，则需认识到这样一个简单的事实，即在西方绘画中运用的一点、两点或者三点透视，并不是组织画面的普遍手段。它们实际上是西方文化发展中的具有特殊历史性和文化性的习俗，也是"现实主义"这一观念占主导地位的结果。

例如，在中国传统美术中，所绘物体与"观看绘画者"的距离是通过对物体的摆放来体现的，物体要么被置于画卷的顶部（体现的是"远离"观看者），要么被安置在底部（因而"更接近"观看者），物体的大小则很少改变——西方人通常觉得这样很奇怪，甚至觉得是"不现实的"。

这种"价值论"的透视，并不单纯是一种历史和美学的偶然，它显然在中国社会里具有社会或意识形态方面（如"有理据的"）的功能，符合中国社会的具体情况，类似于"扁平化"的具象形式之于古埃及，视觉透视之于今日西方。让人尤为注意的是，这里的每一个例子都包含了一种可被辨识的结构或支持，社会、政治和美学的思想围绕着它来组织：简而言之，是一种"合适的形式"和一套传统的说明性规则，它们保证了所感受和理解的"体验"是可交流的，并在社会和政治上是可能达成一致的。

梅洛-庞蒂对于感官的阐述深获利奥塔的赞同，利奥塔用它来反抗线性透视模型的主导地位。梅洛-庞蒂将视野看成是曲线的，因而与普遍流行的透视观念反其道而行。视野是曲线的，甚至是扭曲的，视野的边缘呈现了一种"他者"，一种可见之物与隐藏之物之间的较量，它们不断地抵消或威胁着占据主导地位的中心凹注意力和视觉的普遍结构。然而，这种边缘，并非只是静待进入焦点的模糊区域，它至少潜在地保持了它作为视觉组成部分的中间状态。它呈现了这样一种潜在的位置，从这一位置看出去，事物看起来是迥异的，而非模糊的。世界一直在这个边缘内被重新编织——它并不是在视野中进进出出的预先存在的物体的集合，而是被生成、塑造和消解的物体集合。这个边缘为我们提供了进入衍生这种实践视觉"深度"的"通道"。

利奥塔称这种"扰乱"视觉的话语结构和它的系统性的形象"他者"是变形的。他引用了小霍尔拜因的名画《大使们》作为佐证（见图2）。

图2. 小霍尔拜因 《大使们》 © 伦敦国家美术馆

两位富有的男士委托小霍尔拜因为他们作画。他们站在一个放满物品(包括一本《圣经》、一个星盘、一把琵琶、一个指南针、几个地球仪、若干卷轴等)的桌子旁,借此彰显他们的文化和经济实力。这幅画有些不同寻常,因为在画面底部有一个看似变形的污迹或污块,或者说至少从正前方的线性透视的几何点看上去是这样的。但是,如果观看者从侧面观察,也就是从画的侧面歪斜地看这个变形的东西(如侧眼一瞥,而看不到画面整体的其余部分),这个污点就被解压成了一个骷髅的形象。这些年来,很多评论家都基于画的历史和组成部分,以及小霍尔拜因和画中两位朝臣的传记,对这幅画尤其对这个骷髅做出不同的解释和解读。然而对于利奥塔来说,《大使们》一画的重要性在于,它的变形特质展露了形象作为颠覆性力量的端倪。如果把画作看成是一种对"合一"空间的透视布局,那么变形为画面的组成引入了一种抵抗和摩擦(后者类似于话语);它呈现了一种形象的元素,颠覆了主题的意义和对人类文明、权力和永生的肯定,画不再是可被轻易阅读的空间,因为"能指(signifier)本身遭到了围攻,在我们的眼皮底下被推翻了"(DF 380)。

有两个相关的艺术作品,它们有趣地展示了话语和形象之间的张力,也颇有意味地突出了我们迄今为止探讨过的许多问题,即勒内·马格里特的《形象的叛逆》(*La Trahison des Images*)和《两个神秘事物》(*Les Deux Mystères*),两幅画完成时间大概相差38年。第一幅画画了一个烟斗,画下面有一行类似手写的文字"这不是一个烟斗"(Ceci n'est pas une pipe)。

在这幅画里，我们看到了一个"可辨识的"物体的图像，并附有一个貌似在介绍它的标注："这不是一个烟斗。"但是这句标注明显与画面呈现的内容相矛盾。我们确实"看到"了一个烟斗（基于一定的图画习俗），因而这段标语似乎是错误的。如果我们将这些文字看成是指向烟斗的，或者对烟斗的指定，那么它们当然是错误的。但是，如果我们将文字看成是指向它们本身的，那么这话就是对的，因为它们不是一个烟斗，也看起来不像烟斗。此外，如果我们将文字看成是指代烟斗的图像，或画作本身，那么这句话也是正确的。因为严格说来，图像或画作也并不是烟斗这个物体的实体。这里的文字并不是烟斗这个实物（指涉对象或所描述的原始物体），而视觉图像也不是实物——因此我们说它们是形象的叛逆，因为它们二者都仅仅是图像或符号。

然而在这两种情况下，符号都代替实物激发了这个实物的心理概念：这些文字和这个图像都不是烟斗，但是它们在某种程度上都被进行了话语上的构架——它们意指了一个需要被解码的概念，而这也组成了被"阅读"的文字。

第一幅画《形象的叛逆》有一个复杂的阅读与观看之间的来回运动。第二幅画《两个神秘事物》[5]（见图3）则带来了更深层面的挑战。首先，它将第一幅画包括在内，乍看起来像是在直接反映自身。第一幅画被放在了一个空屋

5.《两个神秘事物》，勒内·马格里特（1966）创作，木板油画。私藏／詹姆斯·古德曼画廊，美国纽约／布里奇曼艺术图书馆 © 勒内·马格里特／ADAGP＋马格里特，由视觉艺术协会授权，2012，45。

子的画架上（可能是一个画廊或者工作室）。更重要的一点，与第一幅《形象的叛逆》不同的是，这一幅里有另一个位于画架侧上方的"烟斗"的图像。在原画中，图像是很"扁平的"——烟斗轮廓基本没有什么色调造型——然而却给人们一种感觉，烟斗是浮在什么表面上的。在第二幅画中，第二个烟斗虽然存在，但是是以一种不确定的方式存在的，因为我们并不能看出它到底是没有任何实际支撑地浮在空中呢，还是被画在后面的墙上的。尽管前景中的地板向一个潜在的地平线退去（这是根据点线透视引入了一种空间的布局），这个幽灵般的烟斗却无视我们对其在图中位置的期望。正如小霍尔拜因的《大使们》中的骷髅，它以变形的方式破坏了画面组织本可以被阅读和理解的原貌。

图 3. 勒内·马格里特 《两个神秘事物》（1966） 木板油画

目前我们已经审视了利奥塔的阐述：视觉作品颠覆了含义，或引入了一种他者到含义中，以及视觉本身是如何被颠覆的。那么现在我们终于要追问，这种他者是从何而来的？什么是它的"来源"？对利奥塔来说，颠覆或违背话语和感知的是"力量"，而这种力量的基础是欲望。《话语，形象》从第一部分的现象学讨论，转向了第二部分的精神分析理论。利奥塔在弗洛伊德对于无意识、初级过程（primary processes）和力比多（libido）的论述中，发现了一种与身体直接相连的能量学，能够帮助解释形象的运作。

重要的是，利奥塔从弗洛伊德的作品中发现了两个关于欲望的理论，它们相互较量，乍看上去互不相容：作为力量的欲望（或力比多）和作为愿望的欲望。总的来说，前者是一种体现心理运作特征的能量，它对任意物体来说是超余的，而非内在附有的。而后者旨在幻影般地抓住或固定住它缺乏的东西。这个大体的区分接下来会更复杂。实际上，我们可以看出，欲望有一种彻底的矛盾心理的特点，两种欲望在其中连为一体：欲望本身就包含了其禁制。为了理解为什么这两种欲望的区分对利奥塔来说如此重要，以及他对形象有何说法，我们要暂时兜个圈子，讨论一下精神分析理论。

弗洛伊德的欲望和心理理论的发展基于将无意识的"存在"（或坚持）从其残留的经验轨迹上推绎出来——就是说，一种施加在意识思维和行为上的颠覆性影响，形式包括口误、奇特的身体症状、记忆丧失、梦境等。具体地说，弗洛伊德对梦的研究引出了他关于心理功能最初论述的构想，即所谓的"定位模式"（topographical model）。

在这个模式里，弗洛伊德将"意识"（consciousness，与感官系统紧密相联的每时每刻的意识）与"前意识"（preconscious，特定的记忆和想法储存的地方，可根据它们的性质和情况被唤醒）和"无意识"（unconscious）的运作分别区分开来。无意识包含了无法获取的感知、联想、记忆、想法和感觉（如被意识和前意识阻拦或压抑的）。

弗洛伊德进一步通过划分不同的心理活动区域来描述这种心理的双重性，称其为初级过程和二级过程（primary and secondary processes）。他用初级过程来说明无意识的特征。这些初级过程包括了自由流动的能量在心理上的持续转化，被称为"力比多"（libido）。它可以潜在地投入、绑定或附着在不同的感知、想法、记忆、对象和行动上。在弗洛伊德的构想中，这种力比多能量取决于所谓的"享乐原则"（pleasure principle）的需求。这种"享乐原则"的特征在于，无论何时一旦无意识中的不适感的能量增加，这种通常不被社会接受的冲动都会通过某种可被社会接受的幻觉或幻影般的取代物或形成妥协的方式被释放（在没有真正对象的情况下）。之后，弗洛伊德将有这种能量的婴儿称为"多态乖张期"（polymorphously perverse），因为基本上，这种能量可以附着于心理的任何一种表征，尽管弗洛伊德认为个体有机体是经过一系列典型阶段的，这期间力比多与一系列具体类型的"对象"相绑定，比如口腔和肛门。总的来说，弗洛伊德将初级过程活动的特征描述为非理性的、围绕满足即时欲望而组织的，如果这种满足无法获得，就会随时准备为幻影般的取代物而放弃现实（尽管他后来也提出，无意识是没有内在的时间流逝感、否定感和终结感的)。

　　相反，二级过程超越了力比多的约束和架构，使线性思维、计划和推理成为可能：由于力比多能量随着时间越来越密切投注于想法、感知和记忆等，作为意识和前意识特征的二级过程从无序的初级过程中发展出来。从这个角度来看，二级过程构成了一个逐渐成形的结构，它覆盖了这些内在阶段的活动(能量的释放)，也对这些内在阶段的活动进行着约束。它像是自适应的盔甲或者防御系统那样进化，包含了联想、习惯、回应等，主要通过语言和运动性活动(motor activity)进行表达，帮助有机体应付外部活动。二级过程规范有序的一面为有机体提供了逻辑计划、社会化的能力，让有机体能够根据"现实原则"(即有机体适应外界情况的需要)延缓基本冲动和欲望的满足。简而言之，二级过程在初级过程的基础上建立(因而也掩盖了初级过程)，但更重要的是，它组织了意识思维。然而，值得注意的是，初级过程并未被二级过程抵消——只因求存留而暂被二级过程抑制。严格地说，无意识的力比多是超出二级过程的，并与二级过程相对立；它与话语结构相对立，尽管在一定程度它受后者的约束。

　　利奥塔阐述说，力比多能量说明了表征和形象是如何相互关联的。他指出，我们可以在梦境看似混乱状态的本质中发现力比多的基本运作。事实上，《话语，形象》接下来大都在研究弗洛伊德将梦作为"通往无意识的康庄大道"这一分析的含义。在《梦的解析》中，弗洛伊德假定，被压抑的想法和感觉会对我们的精神表征施加隐性的或变相的影响或压力，在我们睡觉的时候，压抑这些想法感觉的障碍减弱了，这种"干预"的征兆也就更明显了。由此，弗洛伊德提出，梦境是不同类型的愿望满足和幻象的可视化，是由最近清醒时的经历和过去未解决的问题或充满感情的记忆之间偶然共鸣的联想所触发的。危险或有创伤的想法或不被社会接受的冲动通过替换或妥协而实现，这种实现是通过多种多样扭曲或转化的机制达成的。也就是说，这个潜在的触发点被转化成一个威胁性更小的"愿望"或者欲望，通过这种不同的形式，在不影响睡眠的情况下，达到一种相对满意的表达。

在利奥塔看来，《梦的解析》中最重要的观念是弗洛伊德对于"梦的运作"（dream-work）（梦做了什么：它潜在的工作）和实际的"梦思（dream-thought，梦是关于什么的）之间的重要差异的区分，其中前者转化了后者。利奥塔将此区分看成比隐意（latent content，梦境最初的驱动想法）和显意（manifest content，我们醒来时记住的梦境）之间的区别更重要的区分。梦的运作是"研究"（working over），是梦中出现的事物的转化，弗洛伊德将此看成梦的本质：它担任着"工作室"的功能，在其中，梦思被不同的机制转化着，我们稍后会讨论这些机制。

利奥塔提出，无意识的工作仅仅是能量上的。他认为，话语仅仅与二级过程有关，这就与雅克·拉康关于无意识的叙述直接矛盾（要知道，在《话语，形象》写就的时候，拉康理论可比现在更有影响力）。利奥塔彻底反对拉康用结构语言学的观念来重写无意识，尤其反对拉康的论断"无意识像语言那样构成"，这一论点从话语的特性和功能上体现了心理的特征。

为弄清他们两位观点的分歧点，我们需要先简短回顾下拉康的理论。弗洛伊德反复强调了语言与"无意识"的表达之间的关系。这种"无意识"通常以行为倒错、玩笑、画谜、言语功能障碍、"倾诉疗法"等方式表达出来。基于这点，拉康申明，在索绪尔和结构主义者对于语言、话语和符号的见解的启发下，他要改造精神分析理论，而弗洛伊德对此并不知晓。

拉康认为，心理的总体结构类似于语言本身（一种差异关系的结构），甚至有些优越的要素是直接源自语言系统的，也就是能指（signifier），它们的选择和组合遵循相似的规则。与索绪尔不同的是，拉康认为能指和所指之间的纽带不是稳定或一一对应的，而有一种脱节（disjuncture），两者之间存在相当大的滑动。

拉康的主要革新是他提出精神功能是由能指链（从音素的层面往上的一组组元素）组成的。压抑并不是一个能量的过程，它涉及了相关的能指从意识中的排除。这个能指不再是以一个意指链（一系列告知意识思维的联想）中直接的一环而呈现，而是看不见了，因而成为一种创伤的元素，仍旧"颇有影响"地与意指链相关联，却又不是意指链上线性的一环。这种"被压抑的"能指后来在它们自身当中形成虚拟的环节。拉康将这个过程定义为一种"无意识"结构的形成（这种结构并非存在于某个个体"内部"，而是根据每个个体如何与作为预先存在的社会符号系统的语言相关联和相交叉，而跨主体的存在）。

拉康引用了弗洛伊德所记述的"fort-da"游戏的轶事来支持他的观点（在下一章我们会重新讨论这个例子）。在这个故事里，弗洛伊德的孙子经常反复从他的婴儿床上扔出一个绑着棉花卷轴的绳子（并哭着喊"fort"："没了"的意思），然后再把它拉回来（并哭着喊"da"："这里"的意思），他用这种方法来减缓妈妈不在带来的焦虑。这个创伤的特征在于在场和不在场之间的对立统一，拉康相反地强调了这种创伤是如何通过相反的能指（在这里，"o-o"和"a-a"的音素）镌刻在语言里的，而它又构架了欲望，为结构性的无意识奠定了基础。

通过这种方式，拉康用结构语言学和符号学来剥除弗洛伊德理论中关于能量基底的内容（力比多和初级过程）。在心理的新论述中，拉康将人类有机体（他现在称其为"分裂的主体"[split subject]）的意识和非意识方面都仅仅看成语言元素的结构组织的衍生物：无意识能指的一种特殊布局。推而广之，梦境也是此类语言机制的产物，而拉康势必要解释其原因。他对于梦境的叙述，更广义地说对意指过程的叙述，援引自结构主义者罗曼·雅各布森的论点：思维（作为对内化语言的一种反映）的特征在于两个轴线或运作：对于有意义要素（词汇量）的选择和这些要素的组合（语法的），修辞手段，如暗喻、转喻，就是这种组合的一个例证。

弗洛伊德在他的梦境理论中提出了四种机制，通过这些机制，隐思（潜在的不安）或冲动被转化为更易被接收（威胁性更小）的我们醒后记得的显意。这四种机制是："转移"（displacement）、"凝缩"（condensation）、"再现力情况"［conditions of representability也可被翻译成可喻形性（figurability）或符号化（symbolisation）］，以及"再度润饰"（secondary revision）。拉康只对前两个感兴趣，因为这两个最能反映他的关注点。首先，拉康将暗喻和转喻与弗洛伊德的"凝缩"和"转移"相提并论。他将"凝缩"与暗喻联系在一起，认为暗喻是"凝缩"的代名词（原来的术语尽管不用了，但实际上依旧存在并有效）。他将"转移"与转喻（更准确地说是提喻）相联。转喻意味着用一个事物的部分代表了整体（例如"给我援手"，这里手指代了整个人）。拉康试图将这两个"语言"机制泛化，不仅用来解释梦的运作，也用来解释主体性（subjectivity）、欲望和所有最基本的无意识运作的产物。这些确实为拉康的两个理论奠定了基础：分离主体，欲望是如何产生以及欲望的实现是如何被无穷尽地延搁的。

利奥塔彻底反对拉康的观点。他明确指出，无意识与话语或者"意指的亵渎"（defiles of the signifier）完全无关。他反对说梦的运作或者无意识是语言机制，或是类似语言的结构。利奥塔认为，二者反而是大相径庭的。他重申了弗洛伊德的一个观点，这点也是拉康忽略了的，即梦的重要性并不在于它的内容而是它的"运作"。这种运作是一种"研究"（working over），是对材料的转化。这才是至关重要的。而材料来源于白天的残余和记忆，以及这些残余和记忆激发或引起的过去的想法。因而，梦的内容并非来自"无意识"，而是意识与前意识因素的综合——发生的事影响了意识与前意识。换句话说，利奥塔认为，梦境并不是一个区域对另一个区域，或一种语言对另一种语言的转译，甚至也不是一套能指到另一套能指的转译。因为倘若如此，它们要么就从意识中隐藏起来了，要么就是无法进入意识。然而梦的运作、初级过程的无意识运作，只是在我们睡梦中的时候，产生在意识/前意识系统内容上的一套运作。正如《话语，形象》相关章节的标题中大胆表明的（本就引自弗洛伊德）："梦的运作并不思考"。相反，梦的运作是发生在思考上的东西。并不存在与这些机制在意识和前意识的感知、想法、记忆上的运作以及它们产生的转化相分离的无意识，因为这些运作不过是初级过程的能量表达。无意识欲望的工作室的确为意识与前意识经验的片段提供了一个幻影般的再现空间，但它们并非处在同一空间，我们马上就会发现，它们不存在于任何空间。

利奥塔强调了这些转化过程的可延展性，尤其是转移和凝缩，因为它们表现了力比多，总的来说也就是初级过程的运作。利奥塔的叙述更忠于弗洛伊德而不是拉康。他将转移的特征描述为能量从一种再现（或再现的一部分）到另一种的运动，将凝缩的特征描述为将某物压缩为更少量或更小空间。为了举例说明转移和凝缩的共同运作，利奥塔用一张有文字的纸来举例：当纸被弄皱后，上头的文字或者说具体的字母，原本是以一定间距出现的，现在它们更近了，出现了新的似乎"有意义"的组合。对于弗洛伊德的另外两个机制，利奥塔认为，"再现力情况"说明了能量动力对于被转化内容的类型是不做分别的（因此，图像和文字都可以被挪用过来，可被视为等同的可互换的原材料），而"再度润饰"仅仅关乎从二级过程中导出材料的剩余效果（意识/前意识系统）。关于后者，人醒来的时候，梦的碎片是根据其对话语思维或概念思维指示的服从，而被"叙述化"（narrativised）的（以一定顺序排列，暗示了因果关系，而不真的提供因果关系）。

彻底理解为什么利奥塔如此强调弗洛伊德关于梦境的叙述很重要。关键在于，这两种主要的梦的运作机制——凝缩和转移（同样从更广泛的层面上表现了初级过程的特征），正体现了形象的"干预"或运作机制。实际上，利奥塔提出，有这样一种"形象和欲望之间的彻底共谋"，可以从初级过程加之于二级过程的效果上看出："对于语言或者视觉，欲望引起的形象的核心特征在于，它们扰乱了辨别……它们以无法辨别的形态被辨别"（DF 282）。梦的运作的价值在于它让我们洞悉了形象的"工作室"的运作，这种洞见不仅对于梦境甚至艺术适用，对所有的再现形式都适用。利奥塔认为这些转化的功能体现在三个层面（大致分别与意识、前意识和无意识相呼应）。

第一层面是"形象－图像"。这一层面涉及"可见的"物体以及其布局或轮廓的弥散或侵损："这里遭受侵犯的是规范被感知物体形成的规则——它所解构的是这个形体的轮廓；是轮廓的越界"（DF 274）。换句话说，它涉及作为图像的物体的可辨识性的拆解或污损。这可以通过对轮廓的倍增、溶解、相减或消除来实现，因而它所占据的空间，或物体与周围直接空间或环境的关系，被模糊或混淆了。利奥塔在此处所举的例子是毕加索的素描《裸体临摹》（*Etude de nu*），尽管马塞尔·杜尚的《下楼的裸女二号》（*Nu descendant un escalier n° 2*）可能是个更好的例证，因为在杜尚的画中我们可以看到形象的轮廓通过倍增而消解了。

第二层面是"形象－形式"。这一层面涉及常规的形式、透视法的脉络、可见之物的结构或支持的越界——无论是关于电影的舞台布局，绘画中透视的运用，还是舞台戏剧的设备。在形式这一层面，幻想开始了对我们的诱惑，而实际上我们通常没有意识到所讨论的组织或者架构（它看似隐藏起来，或者模糊起来了），尽管通过一些努力，或者通过越界，它们才会被注意到。利奥塔提供了一个形象－形式越界的例子，即杰克逊·波洛克的"动作"绘画，其中眼睛不再能将看到的东西组织为具有意义的场景或者统一的空间了。利奥塔甚至提出，波洛克的作品通过颜料的滴坠和喷溅，激发了能量初级过程的驱动力的一些痕迹。

第三层面"形象－母体"（figuree-matrix）涉及神秘的"源"，它是幻影般的图像和形式来源的熔炉（也是它们被拆解的地方）。这是最难描述的一点，因为它没有明确定义的概念性相关物，因而没法直接举例——它无法通过言语或感知被再现。然而，利奥塔选择"母体"这个源自"matrice"的术语，暗示"母亲的"子宫——让我们对其本质有了些许了解。这一点可以回归到利奥塔所赞同的拉康的一些想法上。

拉康将弗洛伊德的俄狄浦斯情结（Oedipus Complex）这一概念进行扩展，阐述说，一个孩子将永远无法完全从失去母亲的创伤中恢复——这种失去将加在一系列的异化和分离上，不断界定和分裂他的主体性。儿童对语言的习得［也就是对符号的习得，调和了儿童的需要，拉康称这个过程为"阉割"（castration）］代表了这样的一个时刻，儿童不再享受以特殊的方式靠近母亲或与母亲合一的感觉（一种可以预示到的焦虑，即反复尝试理解母亲的欲望，以保证母亲对自己持续的爱）。这种对原始"对象"的失去，提供了欲望组成的基础，拉康将其定义为"缺乏"（lack）。拉康援引了弗洛伊德的说法，最初称之为"物"（das Ding），之后管它叫对象（objet a），其重要性是可以往回追溯的。也就是说，我们之所以想要我们认为自己没有的或失去的东西，是因为我们认为这样会在某种程度上使我们完整。因而这种欲望所包绕的缺乏，会在一个个体的一生中一直尾随着他／她，构架了他们相继的或衍生的目标和追求。他们会寻求令人满意的取代物（恋人、工作、车等），试图用纸覆盖住或填充住他们存在中的"空洞"，这种因创伤性失去而产生的"空洞"。然而，没有任何对象是能够替代母亲的（至少是母亲对孩子的意义）。因而，在拉康看来，人类主体因为欲望的满足被无穷尽的"阉割"所限定和界定——是对一种难以琢磨的"完整性"的无穷无尽而终究徒劳的追寻。更重要的是，为我们的理解起见，拉康的叙述很明显地将欲望变成了一个意指过程的副产品：欲望归根到底是能指（语言）运作的内在的一部分，或由其架构的，它与初级过程和力比多等毫无关联。

利奥塔接受这个观点的某些方面。他认同（在一定条件下，在这里我们不展开讨论了）失去母亲是创伤性的，也认同语言的习得标志了某种象征性的"阉割"（标志着进入社会领域），但这并不能否定弗洛伊德对于力比多和初级过程的论述。诚然，失去母亲标志了一种"不完整"感，促使个人寻求合一和整体，而通过与他人的互动，话语提供了暂时架构或强调这种失去的手段。然而，这种"缺失"归根到底并不限制或者界定初级过程的运作方式。语言是围绕这个缺口组合的（作为一种应对机制），但是欲望并不源自这种机制——它在此之前，因而并不是"缺乏"。相似地，运动中的力比多与语言结构的需求大相径庭。语言结构主导了第二过程，尽管一部分受限于第二过程。

"缺乏"这种欲望的重要之处在于作为"愿望"（对于幻影般取代物或愿望满足的寻求）的欲望提供了无意识转化的材料。这与我之前论述的一些重要内容是一致的。这又回到了利奥塔关于欲望的矛盾心理的观点。形象－母体（我们可以从其效果的持久性中推断它的存在）是一个运送一定力比多的容器。将其称为"容器"，并不准确，因为它没有形式或位置——这只是用来形容一种"不确定"事物的修辞，因此我们不应该错误地把它看成是无意识的存储库，它并不能通过它转化的内容来反映其本身。这样做可能会混淆它和由它引出的东西，而把它制造的幻影之一当成它本身。此外，它并不是一种源头，并不能让我们谈论起虽然"被压抑"但是真实的记忆（原始场景）。然而，母体确实提供了制造幻影的条件，主体通过它寻求安慰或者愿望的满足，以此来抵消感知到的"失去"或缺失。这些幻影涉及了舞台布置（母体），制造了一种幻觉或虚构的空间或场景（形式），里面充斥着演员、道具和某些动作（形象），但是这种制造受到作为力比多力量的欲望的无情推拉——这种运动并不尊重持续性、逻辑性、一致性、暂时性、空间性、稳定性和连贯性，这种运动同时对指定和再现、话语和感知以及概念和图像进行形象化和去形象化。这种能量在母体产物出现的时候将它们消解，并且剔除它们的形象。

这引起了一个有趣的问题：艺术是否可以给我们带来不同于梦境或大体上不同于幻影的东西？问题的答案转向

了利奥塔对于变形的"双重翻转"（double reversal）的叙述，或者如他经常简单描述的"旋转"（rotation）或者"把里面翻到外面"（turning inside out）。这个概念部分源自精神分析家安德烈·格林的著作，这可能是《话语，形象》最重要的贡献了，因为它使我们终于能对梦境和艺术做出决定性的区分。梦境通过梦的运作，引发了首个颠倒或旋转。这种颠倒是对来自意识和前意识的材料的"研究"，因而语言和形象不再以它们原本的形式意指或指定。然而，尽管有这些转化，梦境依旧主要倾向于对愿望的满足。作为愿望的欲望试图转而捕获作为力比多力量的欲望，寻求对于失去的慰藉，或者对于愿望和现实的和解，因而，梦的运作过程在其幻影般的舞台上变成隐藏的或者模糊的（与作为力比多的欲望看起来的连贯性程度无关）。

利奥塔认为，艺术（或至少对得起艺术这一名称的东西）可以引发更深的转化，潜在地将第二个反转引入到这个过程中，这个转化可以让整个过程都彻底颠倒，来显露出它的内在运作。这引发了一个关键运动，在其中，幻影般的舞台并不是完全被搬出的，因而愿望无法实现（哪怕以妥协的形式），而是通过展露产生幻影般场景（或潜在的愿望）的运作而被解构，这是欲望运作的副产品。

利奥塔为他的想法提供了一个有力的例证。他描述了艺术家保罗·克利的作画场景。保罗·克利在其笔记中提到，有时候他画一会儿，就会把纸侧过来或上下颠倒，这样他所看到的东西就无法再辨别，反而成了继续画下去的原材料，然后他又会把这张纸恢复到原来的位置，再继续作画（DF 226）。尽管这个例子描述的是一个旋转的真实动作，利奥塔却指明了其中的深意：那就是，克利不再屈从于对愿望的满足、意图的概念以及他对相似或熟悉事物的依附。这种充满偶然性或者越界的行为，引入了一种不确定性到绘画过程中，让最终完成的作品不再以熟悉的面目呈现。这为先锋艺术（比如"抽象表现主义"）的运转提供了一种普遍的洞见。先锋艺术利用了包括凝缩和转移在内的过程，来抵抗对可辨识的或者令人满意的形式的压迫。

基本的思路是这样的：梦境研究的仅是"梦思"，而隐藏了它构建的条件（愿望的舞台搭建）。不同于梦境的是，艺术家可以再次将这些运作反转，让它们对抗自身及其产物而运作，由此通过解构所展现（或再现）的事物否定了成品的"合一性"。通过这种"关键性的"双重反转，艺术家制造了一种或两种重要效果，利奥塔将它们与作为越界的形象联系在一起：（1）通过突出它的构架机制来暴露这个幻影的运作；（2）这样做可以挫败愿望满足所承诺的幻觉般的慰藉。这里的批判是在形式层面展开的——或者更准确地说，引入了一种形变或者毁形，它专门针对幻影，既拒绝幻影内容的诱惑，又抗拒愿望满足内的要素的整合。

然而，利奥塔强调说，这样一种关键性的反转并不一定在艺术作品的创作或再现中都出现。正如梦的运作引发的众多的转化并不能保证梦境最后能支持或整合替代性的幻影或愿望的满足一样，也无法保证艺术作品不与其产生的幻影场景站在同一队伍，或者甚至试图满足幻影场景（因而对利奥塔来说不能称其为艺术）。实际上，利奥塔认为，可被辨认的艺术风格、学派或运动的出现通常是为了再现或保存这样暗示着愿望满足的幻影般的母体。对利奥塔来说，真正的艺术家是那些能够在创作过程中成功引入更深翻转或旋转的人。他们拒绝接受便利的结果或自动地复制相似的作品（使用重复的主题或风格），却会引入更深的形象的转化。与制造或强化幻影，或者制造一个可被辨识的物体或场景相反的是，他们试图消解它们，然后让它们诱人的运作显露出来。

这又回到了本章开始提到的四个论点的最后一个，这一点我们在下一章会接着讨论：《话语，形象》是对于"实践意识形态批判"追求的一次迂回。它是"迂回的"也是"实际的"，因为意识形态批判一定会说明，塑造和反映了主导信仰、价值和风俗的意识形态是如何以更广阔的社会和政治形式成为促进个人欲望的手段的。大多数文化产物都呈现了社会许可的幻影，它们履行了类似梦境的功能：将充满感情的材料转化为一个提供可辨识的、令人满意的或社会接受的结果的形式。这些与意识形态和谐一致的幻影，诱使人们接受并服从他们所在的社会里已经存在的主导状况，并且保证欲望在既有的社会结构和组织中被规范和调解——因而这些幻影使得其他的社会或政治可能性的探索无疾而终，并重新让力比多转换方向成为商品化和消费的慰藉形式，继而来帮助维持现状。

《话语，形象》是利奥塔尝试为他的批判打下基础的著作：此书批判了欲望是如何被捕捉并隶属于意识形态结构和社会组织结构的，它也创造临时的工具来暴露和解构幻影是如何在主导的再现形式内运作的，以及是如何帮助主导的再现形式延续下去的。在下一章我们可以发现，这是一个永远不会有成熟结果的计划。

力比多

我们要让结构服务于人，而不是反过来。

把你的欲望当成现实。

——1968年5月涂鸦的例子

我们不传递信息，不承担真相，不带来启示，也不为沉默的人发声。

——利奥塔

我们行走的时候，太阳在逐渐老去。

——利奥塔

本章将对利奥塔在20世纪60年代末到70年代中期的哲学进行概述，围绕力比多展开，追溯并探索关于力比多的思想和主题。本章也将审视《话语，形象》和这个阶段的相关论文中提及的问题和概念的政治与知识背景，之后会审视《力比多经济学》中详述的思想。

利奥塔这十年来的思想和著作标志了他"修通"（working through）的高峰阶段——重新思考，重新构境，有时甚至是单纯地摒弃了他之前赞同的诸多政治哲学指导原则。实际上，他将自己这段时间的思想称为"漂移"阶段（仿佛在大海上漂移），其特征在于远离马克思主义理论，继而漫谈各种弗洛伊德概念。

在马克思主义方面，这种漂移其实早在20世纪50年代的阿尔及利亚就开始了。当时利奥塔为一个马克思主义机构组织的杂志做调查、写报告，这段经历让利奥塔以身临其境而冲突的视角看待工人阶级的困境以及阿尔及利亚追求独立的内在问题的复杂性。这些经历逐渐让利奥塔质疑，马克思主义对具体政治环境的分析和干预是否可行。到了20世纪60年代中期，利奥塔对于正统马克思主义理论的不足和传统的政治参与策略感到不满，他与激进行动决裂，进入了一段激烈的个人与政治的反思时期。

尽管已从激进活动中抽身，利奥塔依旧关注着欧洲以及全世界的政治发展。1965到1968年这段时期，各种政治危机和问题频频涌现，预示着国际事务到达了转折点。这些危机包括美国参与越战引发的日益高涨的国际批判，以及欧美针对民权、核武器、环境等问题的一系列抗议。具体地说，1968年5月的巴黎暴乱对于利奥塔来说是一个分水岭，他直接参与了抗议活动。1968年5月的活动最初是学生抗议大学严苛的政策和严厉的警方响应，但是很快事态愈演愈烈，法国诸多团体支持学生的需求，爆发了大规模的罢工和抗议，导致商业和政府运作短暂瘫痪，巴黎大街上碎石横陈，到处是防止车辆的路障，抗议者和防暴警察之间冲突频发。

很多旁观者认为法国已处在内战的边缘，也有人预言一场新革命即将到来。然而，少有人会质疑，某种根本性的、具有历史意义的事件正在发生——强烈的不满和沮丧情绪暂时让一些原本分散的并不相容的团体，由于不甚明晰的共同事业走到了一起。实际上，法国的很多知识分子最初颇受这个意外转折的鼓舞，他们有种革命般的激情和乐观，相信这预示着巨大的社会转变正在逼近。但接下来他们就失望沮丧了，因为这一前景很快就消散在各种"背叛"面前，保守政治和社会反弹开始了。

先是承诺一个前所未有的前景，接着看似失败的结果又让人失望。这些社会与政治的动荡和对抗，以及随之而来的激烈澎湃的感情，都让利奥塔发现了他早期观点的局限性。那些关于阶级动态或者"历史的辩证运动"的传统政党言论和解释模型已经无法容纳这些事件了。事实证明，这些政治情况在现实中的复杂程度远远超过理论的设想：大喊革命口号不等于就是激进的变革推动者，正如等待交通灯未必让你成为被权威愚弄的人；在工厂工作并不一定代表人们的意识就被政治化了，正如在大学工作也不会自动使人成为标准的国家工作人员。

简而言之，多种多样相互较量的需求、恐惧和期望表明当时的社会系统、机构和传统的理论已不足以解释当时正在发生的事情。因此，利奥塔开始从别处寻找答案，他感觉到与这些问题相关联的事物包括欲望、个人和团体的愿望和幻影、那些他们都有意识、无意识地相信和感受到的东西——也就是他们在自己心中营构之象——以及在社会结构内，具体的机构是如何应对、操纵和规范这些欲望的。

在《源于马克思和弗洛伊德》（*Dérive à partir de Marx et Freud*）（其中有部分被翻译到《漂移工作》中）第一版中搜集和重新印刷的一系列论文和采访中，也就是从1968年到《话语，形象》出版的期间，利奥塔强调了他自己的疑虑，同时也提供了相对连贯的政治观点。在这些文章中，他仍旧承认与马克思主义中关于异化、意识形态和批判的概念脱不开关系（尽管还有更多的修改）。在往下讨论之前，我们应当先短暂审视一下这些概念，因为它们针对力比多哲学的内部转变，提出了发人深省的对比。一些采访和论文清晰地展示了这些观点（具体请见《漂移工作》中的《论理论》和《论艺术作品的关键功能》）。尽管已与马克思主义决裂了，利奥塔还是承认理论分析的必要性和价值。他宣称，"理论的功能不仅是去理解，也要去批判，比如去质疑现实和颠覆现实……理论的主要功能在于去推翻神秘化或异化的现实"（DW19）。

利奥塔称这种批判的目的首先是一种意识形态的"去神秘化"，会暴露出资本主义下社会异化的一般情况与实现和保持神秘化的再现形式之间的联系。利奥塔将资本主义下的社会异化定义为"一种错误、抽象的普遍性的体验……比如，有个事实就是，通过金钱的中介，任何东西

都可与其他的东西交换。"（DW 20-1）

值得注意的是，这里所说的意识形态的概念经过了一定的修改，依旧有特权作用。资本主义社会里的个体错误地理解他们与自己的劳动、与自己、与他人，以及更广泛地说与他们的环境之间的关系，因而他们的观点是扭曲的，换句话说对社会是如何运作的有"错误的意识"，这模糊了或者说掩盖了潜在的经济、社会和政治上不平等的真实或真正的动态。

利奥塔强调一种他称之为"去神秘化"的概念，其目的在于揭露文化再现是如何与现状的维持站在一条战线的，而不是去追究这种独立的现实该有什么面貌，或者社会政治纲领又会有怎样的变化或结局。所以，批判的目的并不在于揭露潜在的"真理"，而是揭露正在进行的谎言或幻想——误导人们相信前面真有一个确定的真理或答案。

利奥塔在这些采访和文章中的当务之急不再是传统意义上的政治分析，涉及政党、经济分析和社会议程（比如，他在阿尔及利亚那种形势下进行的活动）；而是分析艺术在20世纪后半期的地位或角色。他从本体论和批判的方面对艺术的角色进行了重新构想（比如关于我们如何生活，以及我们如何评价我们的生活方式）。从这个角度出发，利奥塔认为艺术已经取代了政治，成为主要的反抗和批判空间，在其中，新见解从旧问题中彰显出来。然而，他指出，艺术既不阐明这些问题，也不能提供解决方案，只是通过它的存在，它潜在的不可同化的不妥协态度，引发对现状以及现状所涉及的方方面面的质疑。此外，利奥塔寻求的是艺术形式的根本潜力，而非艺术内容。

为了彻底理解利奥塔的意图，先简要地审视他的论点，即艺术在20世纪的角色或功能与以往并不相同。在早期社会里，统统囊括在"艺术"名下的再现形式和现象（值得注意的是，我们所采用的"艺术"范畴，严格说来，在非常古老的社会里是不存在的。那时，文化形式通常是不与日常生活分开的，也不与祭祀或崇拜事宜截然分开）从本质和功能上看主要是宗教性质的。它们同时履行着神圣或灵性的角色，以及整合的功能：就是说，它们是社会融合的主要手段，因而也是团结社区，为其提供共同沟通基础的手段（DW 71）。

那时的社会通过这套信仰和"有节奏的"（即按季节循环往复的）祭祀礼仪，理解自身。这些信仰和祭祀礼仪的再现提供了一种"有机的"纽带，让他们团结起来，拥有一种社会团结感或和谐感（DW 27）。重要的一点是，艺术在此类社会的主要功能是维持社会的、灵性的、经济的和政治的现状，因而它限制并调和着变革。除此之外，它并无其他真正的意义、存在或合理性。另外，这一功能与保证社会文化共享身份的易识手段的产生和维持紧密相关，因为"它创造了合适的形式，某种神话、祭祀礼仪、韵律、非语言的中介，通过它，社会成员可以通过共享的意义基质进行沟通（DW 27）。

利奥塔继而宣称："这在当代已经不可能了！"他指出，西方资本主义的历史发展，以及更泛泛地说整个现代经验——作为与传统社会形式和组织，传统生活和思考方式的决裂和打破——已经产生了不可逆转的社会、经济和政治变革，这些早期的状态无法再被维持，复苏或复原。尽管在当代文化中随处可见对这种公开的、无所不包的宗教和社会结构的丧失的哀悼或颂扬，比如怀旧（和幻影般）地呼吁回归到传统"价值观"或"真理"，回归"自然"，或者回归到一种更简单的、非物质化的生活方式，但是这种结构不再拥有任何功能上的有效性，因而永不可再回归。

　　劳动力的差异化、碎片化和专业化，导致了对艺术家（或艺匠）的鉴定和分类，艺术家被看成是具有一套可被推销的技艺的人。利奥塔认为，资本主义构成性的社会异化和这种相应的劳动力的差异化、碎片化和专业化导致了20世纪早期艺术在社会主流中的边缘化。更重要的一点是，它导致了一些艺术家的努力和作品与任何特定社会功能相分离——实际上，是从任何可辨识的功能中分离开来。

　　利奥塔宣称，这种新发现的不确定状态体现了20世纪初先锋艺术和依旧崇尚其遗产的人的特征，它将艺术家（并将艺术作品看成是艺术家"劳动力"的产物）置于一个潜在的独特地位。他们现在能以批判的眼光审视和剖析这种对团体的"丧失"感的怀旧热忱——不仅有对早期的有机的纽带的迷思，还包括在当代资本主义和"社会主义"社会中占一席之地的更为自我陶醉的和革命性的幻影——还有随处可见的表明或承诺社会和谐的幻觉或空想："艺术家的功能……不再是创造合适的形式，新的优美形式，相反地而是系统化地解构它们，并加速其过时的进程。并无止境地，从各个层面对它们展开围攻。"（DW 26）

　　这能得以实现是由于艺术作为一种实践形式，它的重要含义（潜在地）改变了。艺术（或至少是先锋艺术）不再被经济、宗教或政治需求或期望绑定，它拥有质疑当代生活方方面面的潜力，包括艺术本身的意义、地位和目的，它帮助我们在不诉诸简单化的保证或权威的（和独裁的）政治或社会机制的情况下，面对与探索现代生存的内在不确定性，并与之共处。大多数我们当今称为艺术的东西很少展示出对这种潜力的意识，更不用说试图追求这种潜力，接下来的章节会回到这个问题上。

　　利奥塔论述的关键部分是，他相信，艺术家必须一方面抵抗重兴艺术"实用性"和社会效用的呼声，另一方面不要再计划或渴望去团结或整合社会碎片化和异化的元素，提供慰藉，或恢复具有有机整体面貌的传统社区，不仅因为这些需求和意愿已经过时了，而且因为它们无法实现。对于第一点，当艺术不再简单被斥为一种资产阶级的放纵，一种分散注意力的娱乐形式，精英的矫揉造作，或者少有实用价值的东西的时候，它面临着诸多相互较量但是不可能满足的需求。很多团体都坚持认为，艺术以某种方式展现了它的实用性或有用性：通过提供或呼吁社会和谐的理想，或通过直接描述而揭示社会不平等，或者展现怎样做才能解决问题，或者鼓舞社区的精神，或者让社会中猖獗或不法的地区更文明。这些需求综合在一起，旨在让艺术从属于各种倡导改变的议程或社会工程的纲领。利奥塔认为这是与艺术本身的不确定的本质背道而驰的。

　　相反地，先锋艺术与这些目标是不可调和的，它展现了这些目标"意识形态的"和神秘的根基：它们如何引发了想象的纽带，在已存的社会组织或框架下，这些纽带引诱或限制了个体。利奥塔将这种审视和暴露的过程称为"批判"（critique）。

因为艺术必然无法预测或承诺具体的结果，这使得"政治艺术"或"革命艺术"的观念（即为追求某个具体目标而描述或宣扬社会改革或社会革命的艺术）自相矛盾，甚至荒诞不经。希求提供这样的内容是误将艺术作为了某种调解或帮助治愈社会分裂的东西。这种幻觉的必然结果并不是产生革命艺术，而是一种规范性的宣传。

然而，对利奥塔而言，在某种重要意义上，这样的宣传并不是对"政治艺术"的歪曲，而是其不可避免的实现，因为艺术除了质疑可辨识的现状以外，并没有政治目标或社会答案（甚至它提出的问题也不一定是可被理解的）。实际上，对于利奥塔来说，质疑和解构的艺术从定义上来说是革命性的。它本身除了逾越或反抗社会给定的东西之外，并没有预先给定的目标、宗旨或目的：

> ［因为这种］解构活动确实是一种激进的批判行为，因为它并不关乎事物的所指，而是其可塑的组织，意指的组织。它说明了，问题并不太在于知道给定的话语说了什么，而是它的倾向是什么……对其倾向的解构将会展露它神秘的内容。（DW 29）

艺术不展示未来，也不能展示未来。它无法做到描述乌托邦这个目标却不事先背叛它——从这个角度讲，"先锋"这个词是容易引起误解的。利奥塔承认，这个词并不是个特别恰当的形容词，尽管出于历史的原因，我们一直在使用它。一旦艺术宣称提供某种确定的答案，它就变成了幻影般的愿望的实现，或意识形态，成了那种它本要揭露或阻挠的东西。

艺术同样面临着另一种旗鼓相当的威胁，来自资本主义的同化和商业化方面（这更常见）。艺术家的努力被占据，他们的作品被简化为文化或经济资本的形式，并且在操控性广告的市场里，他们的想法和技艺被挪用，这些迫使先锋派从这种蚕食中寻求逃脱，既是逃离资本主义，也是奔向无法预测的其他可能性的前程。（DW32）

利奥塔直率地承认艺术既揭露又阻挠了意识形态诱人的运作过程（揭去构建伪宗教的神秘面纱），它不停受到同化的威胁，使得它的批判和解构的努力处于无止境的状态——考虑到社会有几乎用之不竭的自我欺骗的能力和实现愿望的渴望。他补充道，单纯从这个角度来说，我们才能说到"永恒的革命"，它是这样的一种东西，尽管能中断或停滞，但是无穷尽的（这里的"穷尽"是指预先决定的目标或者内在的终结感）。

正是基于这样的观点，《话语，形象》一书可被视为一种"迂回"，旨在为从先锋艺术的解构活动中汲取的洞见提供（自我反思的）理论框架——形象和前章讨论的"双重反转"的观念——并将这些洞见反映到意识形态的游说教唆中，即让现状维持和延续下去的（实现愿望的）社会幻影的构建和操控。然而，尽管利奥塔的这种迂回有了详尽的发展，但是关于意识形态的实践批判的实际工作却从未接着展开。反之，对力比多概念越来越深的研究使得他重新审视他在这段"过渡"阶段信奉的一些思想及其意义。大概在1972到1974年末，《话语，形象》出版之后，利奥塔开始深入挖掘这种视角的力比多方面的内容。实际上，异化、意识形态和批判这类概念逐渐被修改和摒弃，取而代之的新概念似乎不再那么受传统文化分析的内在问题牵绊了。

我们已经注意到了，利奥塔对于力比多的推崇在某种程度上是对20世纪60年代中末期的政治危机的回应，也是他继而寻求政治分析新术语概念的结果，但是这种变革下的知识背景如催化剂般关键，促使利奥塔利用精神分析、人类学、社会学、心理学和沟通理论的哲思和创新来寻求新的思维方式。可以说，这个阶段的利奥塔受到两股知识力量的影响：拉康和德勒兹。

离开阿尔及利亚返回巴黎后，利奥塔开始参加拉康的精神分析讨论会，同时撰写他的博士论文。他的博士论文是对拉康思想的各种反对和修订，同时也涉及关于符号学和结构主义发展的更广泛的问题，与拉康理论相交叉。《话语，形象》中明确表达了利奥塔对这三种方法的强烈批评，尤其是这三种方法宣称或追求的科学与全面。另外，对现象学的研究和亲身的政治经历使利奥塔对普遍信奉的"语言学转变"和"含义结构"充满质疑。"含义结构"正是拉康的精神分析、符号学和结构主义（以及其他受影响的理论）的主要基础。利奥塔一面看到索绪尔的语言学，另一面注意到德里达的冉冉升起，他当时指出——"让语言泛滥并不能打破形而上学"（DF 14）。然而对于利奥塔来说，拉康讲座的价值在于对欲望概念的突出，以及提出（除了语言学结构之外）了欲望的运作是"跨主体的"（trans-subjective）这一论点：这些无意识过程是社会的，也同样是个人的。

影响利奥塔的力比多思想和研究方法的第二股力量是德勒兹的著作。整个20世纪60年代，德勒兹缓慢而有条不紊地创造分析出了一个哲学家、艺术家和作家的"因袭相承的脉络"，包括伯格森、斯宾诺莎、弗洛伊德、普鲁斯特，这些人的作品都涉及了差异的问题，以及差异受身份和对立原则的支配。德勒兹继而写了两部非常具有影响力的哲学著作，也深深影响了利奥塔：第一部是对尼采思想的突破性分析，第二部是德勒兹的博士论文《差异与重复》。

1968年5月的事件同样震惊了德勒兹，他越来越质疑拉康的著作。在巴黎暴乱的余波里，德勒兹与瓜塔里合作，发展了他自己的"欲望哲学"版本。瓜塔里是一名前共产主义精神分析学家，也曾是拉康的学生，他与让·欧利在拉博德经营一所实验性的精神疗养院。德勒兹与瓜塔里也与利奥塔有相似的忧虑，《话语，形象》中的一些想法也多少影响了他们，他们在1972年终于出版了关于欲望哲学的详细著作。这本名为《反俄狄浦斯》的著作是预计出版两卷著作的"资本主义和精神分裂"议题的第一部分。这本书很快得到媒体的关注（并很大程度上被误读），将其看成是对弗洛伊德和拉康，以及精神分析机构的可耻的全方位攻讦。重要的一点是，《反俄狄浦斯》的出版和几篇相关文章让利奥塔重新思考了他自己对于弗洛伊德和力比多的想法，两年后，他发表了对于欲望哲学的成熟的论述——《力比多经济学》（1974）。

倘若说有一个根本的想法或前提，串起了利奥塔、德勒兹与瓜塔里各自的议题，那么这个前提就是将欲望与政治明显地联系在一起——或者说是针对欲望及其运作而言的政治的重新概念化。这样的工作并非是前所未有的——应用精神分析概念来理解政治和社会结构与行为并不是什么新鲜事了，弗洛伊德后期著作这样做过，自然，拉康相继对弗洛伊德的重新论述中也这样做过。同样，也有几位著名的前辈融合过马克思主义和弗洛伊德概念——最早见于威廉·赖希20世纪20年代和30年代的著作中，40年代和50年代有阿多诺和霍克海默，60年代有马尔库塞和阿尔都塞。

不同于前人早期对马克思和弗洛伊德融合的尝试，利奥塔、德勒兹和瓜塔里更着重精神分析理论的贡献（受到几项重要的批判和修改）而不是更多地在传统的马克思主义概念和分析上打转，另外他们还将分析建立在一个能量的"基底"（substrate）上，这对于社会和个人而言是很通俗的，因此使得力比多的概念成为了他们理论的重点和关键。

马克思主义观念将劳动力看成是流动的具有能量的社会流，提供了资本主义投注的基础。弗洛伊德对力比多形态的流动性和潜在的驱力（cathexes）投注作出了论述。将马克思和弗洛伊德这两点相提并论的，利奥塔、德勒兹和瓜塔里并不是首创。然而，他们是最先对这个概念详加发展的。他们不再将其看成是两种类型流动的比较，而是揭示了二者是同种差异性力量（即欲望）的不同但相关联的方面，在两个不同层面表达或显现。这样一来，他们就将社会的经济政治组织和其组成成员的"心理"假定成两种互相关联的、在这个世界上运作的欲望的语言表达和分配。从这个角度来看，力比多总是经济的构成和功能部分，而这个经济总是政治性的。

利奥塔在其之后的著作中对此想法进一步发展，表现他对弗洛伊德理论的运用经过了严格的遴选，哪些是要保留的，哪些是要修改的，或者哪些是要摒弃的。例如，利奥塔对弗洛伊德的早期心理运作模型（意识、前意识和无意识）的推崇，胜于弗洛伊德后期的结构模型（本我、自我和超我）。利奥塔对于精神分析概念的临床或治疗应用（传统的那种）也毫无兴趣。更重要的是，利奥塔对艺术兴趣浓厚，他排斥弗洛伊德用无法自圆其说的象征主义和通过不厌其烦地对内容进行破译（表明了弗洛伊德并没能完全洞悉自己在"梦的工作"分析中想法的含义）来解读艺术作品。

同样，利奥塔并不认为弗洛伊德的"精神病情记录"（psychopathography）和升华作用（sublimation）的相关概念可以全面或颇具说服力地解释创作力和艺术。关于"精神病情记录"，弗洛伊德将艺术作品视为"症状"来进行诊断"阅读"，从艺术家的人格、病情或者潜意识恐惧的角度来解读他们的艺术作品，并将艺术作品看成是个体艺术家的心理状态、心理不足和艺术家生活中的事件的直接反映。利奥塔认为这种方式是过于简化和具有误导性的。针对升华作用（即认为艺术的主要来源是，将不可接受的侵略性或性冲动转移或输送到可被社会接受的形式，因而表现了艺术家自身的心理和社会需求之间的一种统一），利奥塔认为，艺术与力比多之间有一种表达性和本体论的关系，而不需要履行任何中介性质的社会功能。

利奥塔认为，通过激发出这样一种越界的"形象的"他者，艺术挑战着这种调和的幻影，反其道而行，揭开主体性的雄心和心愿的满足。这里所说的主体性旨在控制本

身和其环境来达到它们之间的一种和解。利奥塔提出，弗
洛伊德通过对艺术家的心理、生活来解读艺术作品，并且
将他们的基本冲动升华，一方面因为弗洛伊德在理论上并
未确定欲望是种力量（一种与其投注的东西无关的力量）或
是愿望满足的形式，另一方面因为弗洛伊德保守反动的美
学观。弗洛伊德接受的是"古典的"教育，因而对在他写
作期间周围展开的艺术革命毫无兴趣（甚至敌视）。实际
上，弗洛伊德的一位崇拜者安德烈·布雷顿是个超现实主义
者，他们曾短暂会面过，弗洛伊德完全无法理解安德烈·布
雷顿关于无意识和政治的观念。这说明弗洛伊德对先锋艺
术和其彻底颠覆性的潜力有着根深蒂固的憎恶。

正如我们所看到的，弗洛伊德对于欲望、力比多和初
级过程的观念为利奥塔的《话语，形象》建构了灵活的视
角，通过这个视角，可以探讨和反驳这些针对艺术的反动
观念。具体说来，"双重反转"的观念通过在形式层面的
干预，展现了一种解构社会幻影的重要方法。然而，利奥
塔随后开始他对力比多含义的发展，逐渐质疑他自己早期
观点的几个理论概念。这种修改很大程度上是因为利奥塔
比弗洛伊德更强调力比多的重要性。在弗洛伊德看来，力
比多是心理基本的能量形式，可以被投注于或附着于不同
的想法、感知和再现，这只不过是他理论的一部分。利奥
塔却将力比多视为一切。在利奥塔眼中，力比多成了无名
的横贯宇宙无穷尽的可塑性力量，一切从此衍生。利奥塔
转换了他研究的方向，更偏向于对这种改变的含义的探索，
提出了新的相关问题，关于作为初级过程的特征性能量的
力比多，这种本质上应该是积极的能量，是如何显现、产

生负面效果的。

利奥塔引入了"设置"（dispositif，这词很难翻译，在法语中它的意思是机械或物理层面的"设置"、设备或组装，也暗指了一种更有机的布置，习惯或存在方式）这一概念来强调这个问题，这是力比多哲学中的一大创新。利奥塔将其定义为结构或设置，力比多通过它被分配、输送、流出、截流并储存。它本质上是一种规范了力比多能量流动和分布的组织形式。

这种"设置"数量繁多、形式各异。利奥塔强调说，社会现实的任一方面和所有方面都可（是）关系到或被纳入到这种设置或组合之下（这一描述类似于德勒兹和瓜塔里关于"欲望—机器"的描述）。通过这种设置，让不同事物或表面接触，出现了能量的交换。比如，能量在符号、想法和感觉之间转移，正如在身体和机器中转移一样。无论是提高嗓音、亲吻爱人、抚摸猫咪、绘画、看电影、开车、呈现一个理论、讽刺权威、讲故事、演戏还是扔石头，这些活动都涉及了力比多能量从一点到另一点、自一处到另一处的转移（无论是在身体内，跨身体，还是在身体之间）。然而，我们可以看到，这关乎这样一个问题，即跨越这些组成部分的能量运动（以及它产生的效果）是否是自由的、被限制或削弱的。对利奥塔来说，这成为了一个核心问题、政治症结。

利奥塔提出的一个关于力比多设置的最有趣又有力的例子，是他所说的"再现的戏剧模型"的东西，指的是欲望的舞台布置和分裂，在他看来是西方文化的主导再现形式，与权威的合理化和权力的控制分配是站在同一战线的。

这个模型暗示了这样一种结构，欲望通过它被雕塑，并根据"缺乏"被引导方向，它组成了一个输送和规范力比多能量的机制，让效果减弱受挫，改变方向，成为具体的社会和政治形式。

利奥塔对这个模型的描述和分析最初见诸《作为力比多设置的绘画》一文，又在相关文章中得到进一步发展，包括《论话语的形象》《再现之上》《牙齿，手掌》《几种沉默》《力比多经济学》和(做出修订的)他1977年的论文《无意识的分期》。

在《作为力比多设置的绘画》（1973）中，利奥塔展示了一个典型剧场或表演场地的示意图，其中有界定分隔的区划和界限，这些界限同时也将几个不同的"空间"关联起来。首先，要有一座建筑或一堵围墙（见图4界限1），将内部空间从外界或所谓的现实中区分开来——因而从"外部"或外观中分隔出一个"内部"。在剧场本身的中央，是"舞台"或表演区域（界限2），通常以不同的高度、特殊的形状，周边的空地、地脚灯、一个确定的界限或框架或这几样的组合来界定。舞台也与其他两个空间分隔开来：一个是观众就座或站立的观众席，这个观众席空间通常是固定不动或受约束的；另一个空间不太明显但是更重要（界限3）。这一界限将后台或舞台两翼分隔开来（同时也可包括棚顶的灯光设备、地下仓储或机械设备、乐池、控制室或放映台等），它们为舞台上的表演或观众看到的东西提供支持，但是它们本身是看不到的："我们要在这种限制下营造所有的舞台美术。抹去与被抹去，隐藏与被隐藏，同时存在。"（LRAG 321）

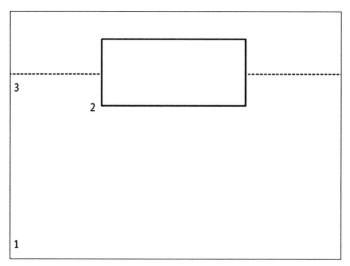

图 4. 戏剧再现示意图

  这些区划有着特定的含义。其一，围墙以内的东西被赋予了某种状态，构成了一种再现的幻影空间，它的价值完全与其外界相关，或由其外界决定。这个空间试图再现其外界，或取代外界而存在。利奥塔指的不仅是舞台上的东西，而是一切由第一层界限产生的空间里的东西。

  其二，塑造这个空间的并非模拟或欺骗，而是诱惑。尽管它是个幻影空间，在观众间产生或营造出了具体的效果或意义，但是观众并不会立刻将他们在这个空间所见到的与实际经验的或感知的现实相混淆，就如一个观察者不会混淆错视画（trompe l'oeil）与其描绘的事物，或一个婴儿不会将自己的手指头错看成母亲的乳头。通过某种方式，在某种程度上，观众得以接受或欢迎这种取代了现实的替代性的再现，因为它提供了某种乐趣或心安（或慰藉）。

  其三，基于第二点，第一层区划是产生最多政治和社会问题的（因为它是实验性的舞台，暂时将戏剧模型当成现实了，这基本无法回避），也暗示了这个模型是虚无主义的——我待会儿再回到这个重要的论题上。为什么？因为舞台上表现的应该是剧场以外的某种事物的再现——这就是为什么它是一个再现——因而使得所谓的"外部"拔高到或处于一个超然或特殊的层面。舞台上（内部）发生的，正是因为这一空间自然而然排除在外的部分（外部）而被合理化或正当化了，这明显表明了一种"政治"维度，涉及什么被再现，如何被再现。

其四，维持这种诱惑或超然过程的，实际上支持整个模型的，是由界限3（很大程度上帮助维持了这种内部和外部的区划的后台，这也是《话语，形象》试图剖析的）产生的支持工作或机械设备，它们是隐藏或看不见的。

舞台模型构筑了一种指向所见之外的含义的东西，关于这点，利奥塔在多篇文章中列举了各种各样的例子来阐述它是如何在看似分散的领域应用运作的。《作为力比多设置的绘画》一文着重强调了作为再现形式的绘画反映了戏剧模型的总体结构——从这个角度来说，通过物理或实际的框架（界限2），支持的形式包括了颜料、帆布、笔法、画框、打底、线性透视等（界限3），以及展示的空间或画廊（界限1）。然而，要记住的一点是，利奥塔在这里尤指"模仿的"或"现实的"画作，它们试图描绘熟悉或可被辨识的物体和场景。尽管更抽象或先锋的作品也是设置或设定，它们通常并不符合这种戏剧模型，这一点之后会更明晰。

同理，利奥塔认为，构建这样一个有所界定和限制的政治论坛其实是另一种版本的戏剧模型。这种论坛与更广大的社会区隔开来，这里面只有特定的人可代表权威或广泛大众讲话或行动。更重要的是，这里面权力的运作和自我授权被制定或执行（而使这些表演持续和合法化的机制很大程度上是隐形的）。

哪怕在传统的精神分析理论范畴内，我们同样可以发现这种戏剧化：无意识被描述为一个舞台，一个心理范畴内的镂空空间，或一种分隔开来但是本质上更具有决定性的结构。前章提到的"fort-da"的游戏是个明显的例子——孩子的婴儿床即舞台，再现了不在场的（母亲），其缺失或潜在的复原通过棉花轴和线这种道具的支持而实现。它构成了这样一种心理舞台，在其中，弗洛伊德和拉康受到的诱惑与弗洛伊德的孙子受到的诱惑相比，有过之而无不及。

来举个更哲学的例子。利奥塔的描述很容易使人想到柏拉图著名的"洞穴寓言"：柏拉图用隐喻的方式展示了我们是如何被自我的感知和主观意见所囚禁，而与真理脱节的。这个故事的大意是：一批人被囚禁在一个洞穴中，他们被扣上了脚镣，只能看到他们面对的洞壁。这些囚徒的背后是烈火，在他们和火焰之间，是扛着各种假人和道具的奇怪的人。囚徒们无法辨别真正发生了什么，错把他们看到的这个情景投射到墙壁的影子当作现实。他们无法看到洞穴之外的真实现实。柏拉图用这个寓言来阐明，我们被囚禁在自己的身体、感觉和偏见里，受社会潮流的支配，我们歪曲了被我们的感官混淆的真理，这真理要通过理性才可被揭示。

利奥塔援引了洞穴的剧场般的特质（要补充的一点是，无数评论家已经说明了，在固定不动的观众前投射一个描述的画面，是剧场设备的一种前身），暗示利奥塔称为虚无的设置，它的延续和合理化涉及了柏拉图的哲学。柏拉图通过假定这样一种在经验"之外"或"之上"而存在的真理或现实，提供了一种思考模式，继而对西方文化产生了巨大的影响。

在审视这个模型的虚无主义的方面之前，我们先简要讨论一下力比多组织的含义。利奥塔在其1973年发表的名为《反电影》的文章中，针对力比多设置是如何规范欲望，给出了更成熟详尽的例子。他首先表示，电影主要由动作的刻画组成，它在不同层面上是"动作的题词，一种动作的写作"，包括"影片镜头，演员和其他移动物体、灯光、颜色、帧和镜头；影片的片段是以上所有再加上编辑的剪辑和拼接；从整体角度讲，电影是最终脚本和时间、空间叙述的综合（LR 169）。利奥塔强调这种直截了当的观察，来突出这样的事实，即影片具有力比多经济的功能，是一种组织和分配能量的手段（同时指电影院和任何给定影片），动作反映了力比多投注的流动和蒙太奇欲望的活动。因此，电影涉及了两种互相较量的欲望形式，我们在前一章提过：作为力比多力量的欲望的输送，是以作为愿望的欲望的形式进行的。然而，影片机构（利奥塔在这里指的在社会、产业和经济上制造的主流和独立的商业影片）使前种欲望受后种欲望的支配，这种支配是通过一种过滤过程实现的，在这个过程中，只有这些运动被保留了，促使整个影片以整体的姿态呈现。只有这些促进了它的"优美形式"（它的戏剧再现）和功用，使得其存在的社会结构的元素被保留下来，因为获得"影片制作的技术，需要知道如

何大量删除这种可能的动作",这样一来,"图像、片段和影片的构成要以这些删除为代价"。(LR 169)

删除或抹除的是那些所谓错误的、有缺陷的、或者异常的镜头和编辑,它们不单是成品的整体性的一种分散或减损,而且事实上构成了力比多能量不正当的释放。这些包括了:与故事叙述的展开相矛盾的镜头,或与再现场景不一致的镜头,与周围其他镜头或编辑相比难以被理解,让观众迷惑,或者与动作的展开相矛盾的镜头等。

这些删除的主要标准是连贯性,相当于消除一个错误,是"因为它的不连贯,为了保护整体的秩序……同时摒除其携带的感染力"——这种感染力反之可被纳入一种被规范和约束的形式。因此利奥塔强调说"整体的秩序在影片运作里有其唯一的目的:运动中有序,运动中成序,运动中造序……*所谓对现实的印象是对秩序真正的压迫*"(斜体以示强调,为作者所加,LR 170)。

利奥塔认为眼下有两种类型的运动(可能是暗指乔治·巴塔耶关于"限制"和"总体经济"的观念,能量被再次投注到社会效用中,或以不可复原的方式被耗费)。一方面是利奥塔所说的"运动虚无的执行",其中运动是具有创造性的,但前提是,它们总是针对影片材料的总体组织放弃自身,服务于更高的目的或结构;另一方面是有悖常情的"无结果的听觉—视觉领域的差异",涉及一种除去自我存在以外无其他目的的运动。利奥塔举了个例子来证明后一点:一个孩子只为看到短暂的火花和燃烧而迷上划火柴。这里的无结果是因为火柴的发光既没有结果也没有意义(它只是单纯的支出),而它在孩子心中激起的力比多乐趣莫过于一种能量的任意释放，类似于火柴本身的燃烧。说它有悖常情是因为它并不产生任何事物，也不会导致任何经济活动或任何可被辨识的社会效用（因为在其他典型物种的性欲里的力比多却会带来繁殖和自我延续）。相反的，传统的影片结构可以在观众和影片图像的整体之间捕捉和调和这种投注或释放。

利奥塔认为，这种限制性的影片过程的（再）创造力不仅表明了强化社会意识形态的示意模型，而且表明了资本主义工业本身的总体运作。它的运作类似于商品化过程和生产的相关形式，将我们卷入一个持续消费的设置中，以此来维持整个市场的欲望机器运作。作为投注的资本引起了一种投资和回报、基于回报的再投资和再回报的循环过程等，可能是循环往复的、相似的，电影提供的乐趣构成了一种"回报"形式，其中力比多或效果被持续再投注来维持它存在的经济和社会系统，使其附属于"让自身能被辨识的神圣使命"。这种影片材料的组织包含了所有附属于整体的要素，因而不和谐的情况理想性地被解决或消除了："所有所谓的优美形式暗示了一而再再而三的雷同，去掉多样性而归于同一整体……它规范着运动，使它们受限于系统特有的宽容度的规范下……"（LR 172—173）。

这并不是说看似异常的元素不能在此类影片中出现，而是说它们可以存在的唯一前提是作为暂时的延搁而存在，之后便会在更高含义的层面被调和，继而被重新整合到整体中去（LR 173）。比如非线性叙事的电影《低俗小说》或《备忘录》，尽管它们看似不守常规或标新立异，它们并不超出这个模型的支配，而是以不同的形式强化它的运作。

最后，这样的偏离仅仅是种迂回，它促进了影片文本叙述的意义整体（显然它们可以轻松地以线性形式重新汇编）。

　　游离在"商业"领域边缘，并可能包括真的反常和不可调和元素的影片，下面是几个好示例：让-吕克·戈达尔20世纪60年代中后期的影片，或约翰·卡萨维茨的即兴电影（其中他拒绝移除镜头光晕，过黑或失焦的镜头，模糊了演员脸部的物体等），或者大卫·林奇的几部影片。然而，尽管这些可能是例外，它们并不是利奥塔所想的反抗性电影。从他的角度来看，商业电影（即使是独立的）构成了一种"力比多正常化"的形式，其中整合的理想和文本系统性的自我封闭与社会整合和总体化的理想相呼应。

　　与这种设置相反，利奥塔推崇一种"反电影"，其中有偶然的或毁形的元素运作，来抵抗影片图像对于"视觉识别"、叙述的整体化、文本理解或总的商品化过程的同化。这可能有很多（"坏的"）形式，它们的共同点是突出、扭曲或转化"支持物"（暴露或者阻挠了制造电影含义或写实性的过程）。这可能涉及了将重点从支持物的固定性转移到它的活动性，或者运动夸张的加速或减速，或者镜头长度的压缩或延长，抑或增加使用碎片化或抽象——这些都是为了抵抗连贯性和理解性。

　　在《无意识的分期》一文中，利奥塔精彩地阐述了这种反电影的影片拼接：他描述了迈克尔·斯诺的一部实验性电影《中部地区》，这部电影将摄影机安在了一个特殊构造的电影设备或者机械装置上。这个机器随意地使摄影机（开始于一个任意的起点和终点）不停地进行侧向运动和旋转，经过很长一段时间后，周围环境可能360度地被"拍摄"了下来（包括机械设备本身）。然而，通过这一过程，摄影机将视野所有的可能性都分隔成了无法整合的异质的多重角度，摄影机毫不相关的任意活动自始至终都让观众感到不安，他们没法试图构建（或者将多元的"视角"合成）一个故事，一个连贯的观点或者让人满意的概念性叙述，或者一种统一的空间感（或者甚至一个幻影的空间）。

这段针对力比多设置的"反电影"的简短论述引出了剧场模型的另一个重要方面，这是我迟迟未谈到但对于戏剧模型的统治地位而言十分关键的方面——它虚无的本质。利奥塔从尼采对基督教和西方形而上学的分析出发，他认为，再现的戏剧模型是表现虚无主义（定义为对人生或经验的贬低或废除，通过从属于超然的价值、意义或理想，或与这些比较）广泛存在的问题的主要形式之一。我们可以看出，再现的戏剧形式事先假定了意义或意义的根基在别处，在经验之外——舞台理应展现某种不在场的东西（并非直接展现给观众），无论这个东西是一个含义还是一个所指对象。简而言之，在这样一种戏剧舞台中，意义（或它的保障者）是超脱于再现（影院）本身的。

利奥塔表明，这种内部和外部的结构性区分，以及所导致的意义的延搁或将意义疏散到"他处"，构成了一种宗教或神学的虚无主义，具有明显的政治含义：真理、现实、绝对的基础，一种"超然的所指"，一种终极的基础或者非物质的目标，所有这些都处于超然的位置，来为一个论述正名或授权，但它们本身却可望而不可及。从这个角度而言，意义在结构上基于一种不在场或者"缺失"，一种被承诺或暗示的事物——其中事物本身并无价值或意义，除非它们以某种方式与不在场之物相关联。我们先前短暂审视过的柏拉图的哲学就是这一点的清晰佐证：对某种超然事物的向往，对想法权威地位的合理化，将其看成是优于感官，优于意指它们的符号的真理和现实。我们可以看出，甚至精神分析理论（无论是弗洛伊德还是拉康）也无法免于这种虚无主义"剧场"，甚至在很多方面是这种虚无主义"剧场"的实现。

这并不是要牵强地证明商品化和消费的资本主义形式是基于这个模型持续发展繁荣的，或通过它来维持的——因为人们趋向追求这样的商品，它们诱惑般地承诺会弥补人们的空缺，让人们接触到这些超然的事物，可以提供和谐、完整性或丰富性，然而一直都迟迟未曾真的履行承诺。在这样的前景下，人生的"此时此地"无可避免地是匮乏的。

在以上所有的虚无主义设置当中，最常用的策略就是掏空或疏散内在的意义，"使得"它成为外在的：让它成为超然的（因为舞台上所表现的仅是再现空间以外的事物）。它构建了这种区划，这样一来，意义就与再现核心的一种根本的"缺失"或不在场联系起来：就是说，它的意义或基础总是在别处。[1] 利奥塔为这种由戏剧模型产生或暗示的虚无的不在场或"缺失"取了好几个名字，但是最常见的一个是"伟大的零"（Great Zero）（这可以是上帝、真理、

---

1. 利奥塔提供了这个结构的一个简明例子："举例有 A 和 B 两个地方，从 A 移动到 B 意味着两个位置和一个置换；现在宣布 B 来自 A，你不再积极确定地看待 B 的位置，而是与 A 相连，从属于 A，而它本身是不在场的（不见了，隐藏了）。B 变成了虚空；作为在场的幻觉，它存在于 A 当中；而 A 被确定为真理，这就是所谓的不在场"（DW 10）。——原文注

现实、超然的所指等）。利奥塔宣称，虚无主义是当代政治、社会分析、甚至力比多哲学的一个症结，因为理论是一种解释模型（请注意："理论"theory和"戏剧"theatre有共同词根），它深深植根于这种戏剧模型中——从结构上来讲理论是围绕这个"伟大的零"组织的，它围绕对真理或基础的迷思，因而间接地讲也是虚无主义的或者神学的。与其说理论是答案，不如说它本身就是问题的一部分。

在这些阐述的启发下，利奥塔对符号学和结构主义进行了详细分析，来作为示例（尽管这个分析适用于任何试图寻求除其本身以外的解释手段的再现形式）。利奥塔认为针对符号而言，符号学在两种方式中择一而存在。其一，符号代替某物（意义）而存在，与所指相比它是被自我贬低了的——它仅仅是重要事物的一个媒介或托辞，并且功能仅限于此，因为它并不是所指的事物本身。其二，含义在一个由不同符号组成的网络里被无休止地"阉割"了（比如当你查字典寻找一个词的含义时，这个词是用其他词解释的，而你必须不断递归，循环往复地查找这些词的含义）。就结构主义来说，意指网络中纯粹关联方式的替代以及所导致的在整个结构里意义的"阉割"，已登峰造极（或跌至谷底），以虚无主义的形式占据了人类活动的方方面面。

利奥塔面临着这样一个根本问题，即如何将其关于再现、虚无主义、力比多设置运作的论述与这些过程联系起来。他如何才能避免陷入戏剧再现和虚无主义（假定比别人懂得多，拥有接近真理的捷径）的陷阱，同时又不可避免地承认他自己的理论正是一种力比多设置？也就是说，如何既能解释他自己的思想贡献，同时又不假定一种元理论，一种超然的戏剧组织的视角？

实际上，《力比多经济学》以挑衅和越界式的方式混合了不同类型、修辞风格、幽默与严肃，它读起来仿佛是《话语，形象》的形象在直接运作、维系全文。

利奥塔应付虚无主义威胁的第二个策略是放弃批判的传统观念，因为它支持任何追求真理的倾向——它暗示我们从一个拔高（比如更接近真理或更权威）的角度讲话——这样的话，就变成和异化、意识形态、真理等观念一样，与虚无主义和戏剧模型站在同一战线了。另外，利奥塔将批判看成是已经事先决定好内部所有可能立场的结构：因为"批判家与被批判对象处于同一领域，他属于这个领域，他超越了所涉立场的一个条件，但并不改变这些条件的立场"（DW 13）。利奥塔认为，批判根本上是回应性的，因为它侵吞或规定了对它所断言的事物的有意义的回应。承认它的权威等于是允许它设定议程，甘心被它提供"答案"的承诺捕获或引诱：

这个陷阱存在于对被击败理论的需求的回应，这种需求就是：在我的位置放置一些东西（即改变舞台上的东西）。重要的是这个地方，而不是理论的内容（LE 104）。

为了代替批判，为自己的论述定位，利奥塔提出了"虚饰"（dissimulation）的概念，这一概念源于他对初级过程和力比多性质与运作的理论叙述。正如我之前提到的，利奥塔认为初级过程根本上是积极的，推而广之，力比多主要是积极的（因为它所做的仅仅是反映其本身活动性与可塑性本质）——它肯定了自身移动性的生成力量。相反，在某种意义上，否定或缺失是将力比多凝聚到一个输送结构中，这个输送结构在作为意识思维表征的第二过程的发展中有关键性的作用。根本说来，缺失是力比多折叠或液泡形式的自我对抗，在这个折叠或液泡里，作为力量的欲望转变成了作为愿望的欲望。这样一来的结果就是，虚无主义和否定性不再与力比多（或是它的不在场）对立，事实上力比多是以高度严格的方式被应用或投注，因而产生了"缺失"感这种副产品——它们依旧是力比多具体实例的结果，但力比多积极的特性被偏移或更严格地规范了，这种偏移或规范的形式潜在地降低、妥协或削弱了力比多的移动性以及它一系列强烈的效果。从本质上来说，作为批判的否定性是欲望的一种回应式的发声；它转回到力比多，并稀释、限制或减缓了力比多的行动能力。

面对这样的问题，利奥塔的策略是"虚饰"他自己的观点，或在"虚饰"中消解他的观点。弗洛伊德在《超越快乐原则》中将死亡动力描述为单纯"推测性的"（同样源自尼采的角度主义，《非道德意义下的真理与谎言》中称语言为单纯隐喻性的，以及在《偶像的黄昏》中将艺术看作是有用的虚构），利奥塔在《力比多经济学》（如莫比乌斯带或旋转条）中将自己的思想和再现描述成有用的"理论虚构"，不掩饰它们是虚构的这一事实。它们呈现的并不是真理的宣言，而是表演性行为，正如图片直接唤起或激起特殊的回应。它们的价值并不在于它们是什么，而仅仅是它们所产生的东西——它们产生的不同效果。

利奥塔并不宣扬真理的地位，因为他的论述是其力比多哲学阐述的核心，并且总的来说对理论有明晰的含义。

利奥塔的这种新研究方法暗示了，所有人们可采用的（包括他自己的）可能的再现、观点和方法，存在于一个单一的（力比多分配的）连续体，区分它的并不是它们是否准确或真实，对或错，而是它们制造的特别效果——就是说，并不是针对它们的意义而言，而是它们的所为而言。因此它们都是再现形式，因为任何通过再现而未经调和地回归到初级过程在定义上都是不可能的。我们不能避开或逃离再现——它只是关乎什么样形式或类型的再现是被激发或运用的，以及它继而使什么成为可能的，又使什么成为不可能的。

试图直接反对或反驳一个观点，等于被陷在了再现"黑洞"的虚无主义的引力里，在这个黑洞中，人们越加难以抽身。因此，利奥塔宣扬侧面的可能性，在既有的结构中展现它们，不是通过某种同化此种努力的改革活动，而是作为策略上或战术上的干预，在没有预期某种给定结果的情况下，能够潜在地让结构失去稳定性或将其转化。

这继而引出了利奥塔对"生""死"驱力的精神分析双重性的修改。弗洛伊德将"生""死"驱力分别表述为有机体及其心理中组织约束的能量，以及毁灭性的逃离约束和消解这些有机体与其环境的联结的能量。在《话语，形象》及相继受其启发的文章中，尽管利奥塔改装了这些"驱力"，认为它们既不是严格意义上形而上学的，也不是有机的，而是显示了力比多运作的不同能量的机制或模式。他将心理运作与这些驱动力联系在了一起。利奥塔默认它们相悖的本质，稍微有点简单性地回顾，将生命驱力与结构和二级过程结合，将死亡驱力与形象和初级过程结合（同时提出，正是它们在无意识层面纠葛的运作，说明了欲望含有自我禁制之事实）。

　　然而在《力比多经济学》中，利奥塔展示了一个更为复杂的情景。他承认结构是无法完全避免的，因为结构为欲望提供了表达模式，因而力比多是结构存在的先决条件。因此，它们总是以不同程度上互相依靠的形式共存：根据特定的情况，生死驱力的运作可是建设性的，也可是毁灭性的。当力比多（作为能量）接触到可被投注的要素（想法、感受等等）或潜在的阻碍时，它会经历分离、转移、过滤、输送、截流的过程，结构从中出现，并进行自我整合。相反地，被这些结构捕捉和规范的能量起到了融合与维持的作用，它们依旧溢于这些结构之外，在有利的条件下可能会腐蚀、消解或分裂结构。这意味着，有时结构实际上可以增加而不是减弱强度——因此，对于真实的经历，结构并不自然而然是"坏的"，至少不会甚于力比多力量"好"的程度。

　　利奥塔将这些不同划分的模糊称为"虚饰"：力比多和强度都隐藏在暂时的结构中（它们反之呈现为持久的或不变的），通过这些结构被输送或释放。鉴于此，力比多经济学成为了在任何给定情况下在结构中对这些元素的追求，结构能够增加强度，因而造成差异、改变和突变。

　　然而严格地说，否定性无法通过植入更多否定性或更具批判性而被中和或取消——因为这潜在地增加而不是降低它的能量。因而虚无主义无法通过意志行为而简单地被反对或克服（"我不承认是这样的"或"我拒绝接受这个"）。预示这种行动的发挥作用的自我（一种主人翁的感觉，一种自我决定的主体性）让我们进一步陷入其限制中。相反，利奥塔借鉴了从尼采到黑格尔的虚无主义哲学分析的系统，他提出，我们需要提倡差异、虚饰、确定性和"感受力"，来探索虚无主义的替代品或虚无主义形式的再现，这又反过来为所指提供了新的可能性。

尤其是虚饰，它提供了思考、再现和行动的潜在方式，这种方式不接纳无处不在的贬损的、否定的或弱化人生的虚无主义。与其徒劳无功地反驳虚无主义或摧毁结构，我们不如努力稀释或消解它们各自朝向超然或淤滞的倾向，对提供不同效果的互相较量的视角的数量进行倍增或重叠：即，我们可以运用"开放性的"，难以琢磨或闪烁其词的策略。与其正面较量，不如多生策略。我们可以放开地去经历既有的再现结构和形式带来的激烈的不可预见的事件。当我们认识到，戏剧模型并不比其他再现类型更真实（或更虚假）的时候，戏剧模型的主导地位就因而削弱了。重要的是它做了什么，以及它的效果是促成还是削弱了接下来的效果和探索，因为尽管所有的再现都是虚构的，它们的效果，从各种意图目的来讲，都是真实的——因为它们决定了我们与周围世界的关系。

这些考量同样也适用于利奥塔这段时期对艺术的思考，他拒绝对艺术作品进行确凿的解读，如果我们所说的"解读"意味着用概念术语（即艺术作品说了"X"，或它的意思是"Y"）来确认艺术作品的含义。利奥塔感兴趣的，仅仅是艺术作品涉及的运作和它们产生的效果：

文本的重要性不在于它意味着什么，而是它做了什么和它激发去做的是什么。它做了什么：它包含和传递的效果。它激发去

做的是什么：将这股潜在的能量变身为事物。（DW 9—10）

在接下来的一篇文章《再现之上》里，利奥塔进一步阐述了这个观点：

> 植根于力比多术语中的艺术作品经济的叙述……它的核心前提是作品确定的特征：它们不取代任何东西，它们存在而不代表；就是说，它们的功能通过它们的材料和组织实现……它不隐藏任何内容，作品没有力比多的秘密，因为作品的力量完全在其表面。存在的只有表面。（LR 158）

这里利奥塔试图回避虚无主义的要求，虚无主义要求我们解读作品的"真理"，即理应通过绘画、诗歌、小说、电影或表演获得的意义或概念，或植根在其中的意义或概念。相反地，关于回应艺术作品，利奥塔推崇一种他称为"感受力"（passability）的状态或过程，一种对艺术作品"自由浮动"（free-floating）的接受，事先不做任何假定或判断，而是向作品自身的活力敞开自我，让我们自己成为作品能量流的"优良导体"。

利奥塔在《话语，形象》中从其空间安排，谈及欲望的变迁，继而他的词汇转向了新的话语方式，讲到被能量漫布的力比多表面。在这个方面，利奥塔对于艺术的看法从未改变，从《话语，形象》一直持续到他职业生涯的尾声：艺术是关乎制造效果的，我们一定要保持开放的心态。实际上，在《力比多经济学》中，他通过一种他称为"张量"（tensor）（这个词暗示了"强度"，但可能仍是针对张力的观点及其释放而言的，在弗洛伊德关于"享乐原则"的论述中可见）的东西谈起这种"接收的"导体性，这提供了一种与符号学和结构主义提出的宗教虚无主义观不同的角度来审视符号，因为它承认所有再现的能量基础，允许"一种能量维度，不在意指逻辑的范畴"（PW 64）。从这个角度来说，张量可被体验为一种穿越并规避了主体的东西，它看似没有意义，但不无效果。

通过虚饰，感受力和张量，以及它们各自倍增视角的能力，力比多哲学试图与虚无主义区分开来（而不是单纯反对），并确定差异。利奥塔认为这些强度和差异是"积极向上的"（并不是从弗洛伊德的自我延续生命驱力的角度而言，而是指我们是存在于"此时此地"的改变者，好奇热情、可动可感、可导可塑）。然而，这些虚饰和强化的概念也带来了问题，利奥塔在20世纪70年代的后半期对这个问题越来越敏感，一直尝试解决：就像扔骰子一样，这些现象和活动产生的结果是不可预知的，因而不能保证它们的效果将（证明）是积极向上的。让自己成为强度的优良导体，也是在某种（最小）程度上假定了选择——因为人们从这一刻到下一刻面临很多种导体的方式，而这种决定总需要有所选择，有所评价。选择什么部分取决于如何选择，并且不是所有的选择都是平等的。如果真假对错被虚饰成一种单纯关于表演效果的问题——尤其考虑到我们只能在事实之后才能了解和评价这种效果，那么，是什么提供了判断的基础？这又衍生了另一问题，因为追求强度必然让人陷入冲突，可能是虚无主义的，暴力残酷的，不宽容不公平的；也可能是积极的、慷慨的、包容公正的，这取决于他们的视角和状况。无论意图如何，对一个人来说是积极的东西，有时可能会引起其他人的否定和沉默。

这又引起了一些棘手的问题，关于尊重差异，评价，以及相关判断、行动、理解与证言的问题。这些当然并不是力比多哲学独有的问题，但却是任何肯定与行动的哲学要强调的问题。然而，尽管它们在利奥塔的力比多哲学中是未发展的令人烦扰的元素，然而利奥塔从力比多概念中撤出（利奥塔越来越将力比多看成是形而上学上的死胡同），它们便成为了主要的问题。这种倾向的转变标志着新的兴趣，同时保留了与他早期作品在主题上的某种连续性。这个危机里出现了两个不同却紧密相连的主题思路：一方面，是关于迥异（differend，即对人与观点之间不同的异质性的尊重）的正义的伦理问题，另一方面是通过崇高和后现代的概念对思想本身的异质性问题的关注。

第一条思路的讨论不在本研究的范畴内，但我们接下来的两章会讨论第二条思路。

第三章

崇　高

不诉诸言语而可以意致。

——艾灵顿公爵（Duke Ellington）

我们以为自己知道如何去观看；艺术作品让我们发现我们是盲目的。不要去想，去看。

——利奥塔·维特根斯坦 （Lyotard Wittgenstein）

利奥塔大约从20世纪80年代初期开始，在其一系列著作中引入了"崇高"（sublime）这一新名词到他的哲学思想中，成为了他此后一生中主要关注的问题。这个概念与形象这一挑战熟悉之物的"颠覆性"元素的角色和特性有关联，另外也与利奥塔称为"现实中缺乏现实"的问题相关。这个复杂的观念为利奥塔在力比多哲学中探索的很多议题、问题和概念提供了新的研究方法。

利奥塔并非仅通过一部著作来叙述崇高以及崇高与艺术的关系，而是在各种各样的文章和研究中发展他的观点。尽管在这些作品中，一些基本的要素或思路保持着一致，但是利奥塔强调的重点各有不同。利奥塔最早提到崇高，是在1981年他讨论雅克·莫诺里的画作时。翌年，在其文章《对"何为后现代主义？"这一问题的回答》（我在下章会讨论）中也提到了崇高。利奥塔在随后关于巴内特·纽曼的作品和先锋派角色的文章中，才清晰地强调了崇高的关键特征，形成他此后研究著作的重点。这些著作中最重要的也是与利奥塔的艺术研究直接相关的作品，我撷取了一些，会花最多笔墨来讨论，它们是：《纽曼：瞬间》《崇高与先锋派》《再现，呈现，不可呈现的》（这三篇都被收录在《非人》一书里）。

利奥塔对崇高的使用复杂微妙，而且是经过精心拣选的。我们得先追溯一下这个概念的来源和相关历史，才能更好地理解利奥塔是如何使之为己所用的。崇高一词当下常见的用法包括了多种情感状态，比如敬畏、惊讶、深奥或震惊。更重要的是，它时常意味着似乎矛盾的反应——一种"令人惊呆"同时又"发人深省"、奇妙惊叹而又惊恐可怖的体验。崇高的这种奇怪模糊又似是而非的特点并非最近才出现的，有史以来它都是模棱两可的。实际上，"崇高"一词源于拉丁语，由希腊词 Hy'psous 翻译而来，原意是"在高处"或"升高"（意味着人的目光朝上）。这个词被用于古代修辞学（一种口头的说服艺术，引导人从某一种角度看问题），来表示提高的或高远的声调，或巧言雄辩和豪言壮语，也可表示高昂或浓烈的感性。因而，崇高可以激发庄严、高贵、敬畏、兴奋、挑衅，甚至狂喜或陶醉：简而言之，在某种程度上被深深"打动"的感觉。最早对这一概念详加讨论的是《论崇高》（Perihy'psous）。这篇零散的著作写于1世纪，通常被认为是出自伪朗吉弩斯（对这位人物的身份众说纷纭）。他的这篇文章主要是对将崇高作为一种特殊修辞手段、一种改变字面意思的比喻或修辞进行的评述。此著作赋予了崇高诸多含义，同时也承认了要确定它的本质和使用是多么困难：从本质上来说，我们是通过崇高在听众身上产生的猛烈或强有力的效果（这些效果暂时瓦解了听众的推理能力）来辨识它的，而不是通过任何严格的使用规则。实际上，将崇高作为表示极其强烈的感情的观念，早已有之，屡见不鲜，在此后的几个世纪里，它常常与神性或玄秘事物的不可言喻的、狂喜或超自然的一面相关联，或者与上帝或圣灵的荣光联系在一起。

这本著作在1674年被尼古拉斯·布瓦洛译成法语，随后流传到英国和欧洲大陆，引发了对崇高新一轮的热忱和发展，尤其是与一些当时的美学议题（在当时是相对较新的哲学分支）融合在了一起。这本著作的部分内容引发了大量讨论，因为尽管《论崇高》很大一部分在详述崇高打动或感染人的话语力量，第35章却简要地将崇高与自然界会出现的特质相联：那不确定的、意想不到的、广阔的、强大的、狰厉或可怖的。并举了很多自然现象为例，比如风暴、海洋、洪水、瀑布、火山爆发（Kelly 1998: 32）。这种特性使得越来越多的贵族、艺术家和知识分子推崇这种不被文明束缚的自然——森林漫步、沼泽、雾气朦胧的旷野、荒野、在阿尔卑斯山跋涉的热潮、见证峭壁和沟壑的参差不齐与不对称、雪崩和山体滑坡的可怕、雾霭朦胧的广袤山顶，这些都激发了一种敬畏和惊异之感。这种大自然的强大力量后来被浪漫主义者所用，最出名的可能就数卡斯帕·大卫·弗里德里希的画作《雾海上的旅人》[1]（1818）（图5）了。

图 5. 卡斯帕·大卫·弗里德里希 《雾海上的旅人》

1.《雾海上的旅人》，卡斯帕·大卫·弗里德里希 ©bpk/汉堡美术馆/埃尔克·沃尔福德。

然而，这些惊心动魄的景观并不与当时描述和欣赏有趣事物的方式相符，尤其不太与当时的美的观念相符。美的观念很大程度上发展自诸多不相容的观念和价值，它们从文艺复兴、中世纪和古代经典传承而来。崇高的概念似乎可以强调这种不足，可同时它也导致了美和崇高观念的两极化（因而取代了其他的美学术语）。在这种新分化出来的对立中，美的特征在于对称、平衡、比例与和谐，而崇高的特征在于超余或比例失调，它让理解力、接收能力和品位的极限变得紧绷或变形。更重要的是，崇高被视为一种广博的、对抗的或可能不相容的感觉——是快乐和痛苦矛盾的综合，或二者之间快速的摆动。

有两位哲学家为这种对立的理论化作出了巨大贡献，也对利奥塔的崇高观点产生了关键性的影响，他们是埃德蒙·伯克和伊曼努尔·康德。他们将对崇高的分析和归因从具体的引起感情共鸣的客体，转移到了主体的体验。我们先来看一下伯克在1757年《论崇高与美两种观念的根源》一文中的叙述。这篇文章从美和崇高各自在观者身上引发的心理影响的角度，来描述美和崇高。伯克认为美倾向于居家惬意的东西，它着重于细微的快乐，尽管琐碎，但是这感觉熟悉易得，符合或适应人类的感官。相反，崇高是一种强烈的体验，它奇怪莫测、让人惊羡、朦胧不定，它也可能是危险的，尤其是那种让我们感到面临死亡的体验。本质上来说，伯克将崇高描述为对极其可怖的事物的反应，无论是在现实中还是在想象中，它让快感和痛感、喜爱和厌恶相联，或混为一体。因而伯克认为崇高有种煽动性的强烈感染力，让美相形见绌：

凡以任何方式能够激起快感痛感以及危机感的东西，也就是说恐怖的或含有恐怖经验的事物，或其运作与恐惧相似的，就是崇高的来源，它可以产生人心能够感受到的最强烈的感情（Burke 1958: 39）。

伯克进而认为，崇高不仅引起了恐惧的感觉，也从根本上损害或干扰了我们清晰的思考：

没有什么能比恐惧更有效地瓦解我们思维的运行和推理的能力了。因为恐惧是对痛苦或死亡的忐忑，它的运作类似实际的痛苦。任何可见的恐怖的东西，也是崇高的（斜体以示强调，为作者所加，Burke 1958: 58）。

伯克的叙述强调了崇高的几个重要特征。第一，他认为崇高是在观者心中激发的感觉，是面对某种模糊不清、不确定和不定形的危险事物的结果——即，某种我们无法形成清晰的想法或感知的事物。第二，针对自然，伯克认为崇高是在我们感觉面临危险继而感到即将面临死亡的情况下产生的，比如当我们靠近熊熊火海或龙卷风，或站在深渊边缘的时候。当我们面对自然最狂野有力的一面的时候，在狂卷一切的力量面前，我们敬畏不已，或被震慑住了，我们感到自然的力量就要湮灭我们。伯克将这种被湮灭的可能称作"匮乏"（privation），指生存可能的终结，或者再无前景的感觉——面对这种可能，我们感到惊心动魄的恐惧，在这样的情境下，我们正常的生活中断了，存在感变得异常强烈。然而，这种危险并不是说我们即将灭绝，因为倘若是这样，我们会在危险下孤注一掷地求生存，就不会有这样的体验了。相反地，我们对这种危险隔岸观火，它那么近，近到我们可以感受到死亡的"一抹"可能性；它也没那么近，不会让我们感到自身安全会最终受损或处于危险中。当我们意识到，在面临这种危险时我们还是安全的，就会产生一种伯克称为"愉悦"（delight）的感觉，因幸免于难而大大松了一口气，我们脆弱的生命仍将继续。然而，这里所说的愉悦，并不是我们通常所指的快感。伯克将快感看成对于熟悉事物的欣慰而习惯性地接受，它是积极而温和的。而愉悦是一种"消极的快感"，仅仅来源于恐惧或痛感的消除。在这种可能匮乏的痛感，与随之标志了我们从中逃离或幸免的愉悦之间的摆动，构成了我们的崇高体验。

这种际遇并不是我们能感受崇高的唯一情境，却是它最极端的例子，因而伯克认为，任何存在着匮乏的体验，都可能明显产生这种恐惧感和死亡感。因为它与这种体验对我们感官（推而广之，我们的知性）的影响息息相关：当一个物体清晰的轮廓或边限（或对于某个事物清晰的想法）慢慢变得模糊或难以分辨——比如在黑暗中，或者相反地在耀眼的亮光中——我们会感到一种深深的恐惧。

以上的例子显然将崇高与身体的体验与湮灭的危险相联。然而，伯克也将崇高与想象力活动或艺术作品相联，当我们无法清楚地捕捉它的意义或启示的时候，我们会产生一种恐惧感："知性的匮乏"。伯克认为，这对于艺术鉴赏有深远的意义。因为无法捕捉到清晰的含义，产生了一种模糊感，继而引发焦虑、恐惧或一种神秘或深奥的感觉。让人意外的是，伯克将这种崇高感与文学（尤其是诗歌）而不是绘画联系在了一起。他之所以更推崇文学，是因为视觉艺术从根本上来说，是拟态的（模仿的）。为了表现可被辨识的事物，绘画必须再现事物的外貌，即它的形式和特点，这对于接收这些图像的想象力而言是一种束缚。然而文学依赖于抽象的符号（即文字），它们与它们要"再现"的东西并不相像，因而没有这样的束缚，可以通过陌生和模糊产生更强烈的感觉。与之相比，呈现在眼前的一个具体场景或物体的绘画，完全无法与诗人在读者心中激起的多种多样的意义和想象的可能性相提并论。文字在心中引起一种朦胧的联想，一种不明的意绪，它的可愕之处在于它意味或暗指的潜在的匮乏，而不是在于它直接再现的东西。伯克引用了弥尔顿在《失乐园》中对撒旦的描绘为例：

> 他超拔于群魔之上
>
> 形象举止傲然夺目
>
> 如塔般屹立，光彩依旧
>
> 其堕落的大天使模样　并未减损
>
> 其荣光蒙尘：如太阳初生
>
> 他的光芒穿过
>
> 天边的雾霭
>
> 亦如昏昏日蚀之际
>
> 昏暗的月食后面
>
> 可怕的暮光
>
> 点亮一半江山众国，天地变色
>
> 使君王也忧心忡忡。
>
> （弥尔顿，引自Burke 1958: 62）

伯克认为，这种（有时看似不相关的）意象的混合愈加让人困惑，它们共同营造出一种模糊不清的感觉，让人在欣赏这些意象之后感到解脱。这种混合意象的力量就彰显于此。正是这种模糊和间接营造了崇高感。

现在转向康德，我们发现，康德深受伯克影响，他也赞同美和崇高关乎主体及其感情状态，而不是归因于客体本身。然而康德并不想要单单解释美和崇高本身，而是将美和崇高纳入更广泛的认知理论中。康德更广阔的目标，是保卫客观知识的论述免受怀疑论者的攻讦和形而上学更天马行空的言论的侵袭，他的方式与道德自由的观念是相契合的。这项任务在康德的三部连续的著作中被概括和发展，它们是《纯粹理性批判》《实践理性批判》和《判断力批判》。这三部著作分别力图确认和评估我们关于知识、道德和批判力的论述的合理界限。其中重要的一部分是确认这些并非源于经验本身而是先验存在的认知的要素、运作或结构（先验 a priori——就是"之前"），也就是感官和认知构型的内在要素或结构属性。

《判断力批判》特别从美学事宜的角度探讨了这些问题——即，我们能够做出何种关于品味的合理论述？这样的论述可以像科学论点那样是普遍客观的吗？这种论点的形式或内容有什么预设和要求？为了强调这些问题，《判断力批判》从判断力的角度出发——即在提出论点之时，我们其实是在作出断言。在康德早期的《纯粹理性批判》中，康德将他的探讨限于他称作确定的或"定性的"判断力上：就是说，在这些论点中，我们断言我们经历的客观性（我们公认的事物的表象，比如说因果顺序），而不单纯是主观的

（只针对你或我才适用的，比如喜欢草莓的味道）。从本质上来说，定性判断力是根据一种普遍的规律来组织具体的事例或印象的。

在康德所在的时代运用认知模型是很常见的。我们都具有认知力量或认知官能，它们提供或组织了经验的要素。康德通过认知力量或认知官能来描述这种整合（他更惯用的术语是"合成"synthesis）。更具体地说，感性官能提供了来自感官的直觉，包括了不同强度的感觉，它们通过时空的先验形式被排列（即，我们所感知的一切都是根据我们的认知结构被进行时空排列的），通过知性官能排列。知性官能进而根据概念（或规则）来组织它们，从原则上来说，这个过程的产物提供了客观知识的基础。另外，感性和知性各自的贡献，通过另一种官能的调节，即想象力而联合在一起。想象力是通过它随着时间的流逝保留和结合直觉的能力来定义的。

在《纯粹理性批判》结尾的论述中，康德引入了一种新的官能来最后界定实然（是什么）和可然（可能是什么）之间的界限。原则上说来，感性和知性共同的运作会提供客观的知识，然而这是个东拼西凑的过程，有很多松散的线头和小死胡同。理性提供了一种特殊的概念，一种主题范围，在此之上，决定客观知识的努力可以汇聚、并可能被系统化。这些被康德称为"想法"的是推测性的（关乎去决定或引发其他事情而非被决定的事物）：它们假设了在经验范畴之外存在着这样的统一体或总体，是感官无法验证的，但是它们潜在的解释能力还是十分有用的。康德喜欢引用的关于想法的例子包括了上帝、宇宙的总体、人类的灵魂

（尽管在其他地方他指出有很多其他例子）——以上这些都可以作为我们假设的研究指南，以及最终整合我们对自然界、无限以及道德自由各自探索的手段。然而，康德认为，我们不能将这些假设错认为是客观的知识，因为它们在实践经验中并没有与之呼应的客体。鉴于这种特性，康德断言说，尽管我们无法将无限作为我们经验的一部分来理解或展示，我们可以有意义地来构想它。

在《判断力批判》中，康德重新思索了判断力这一概念，为其他类合理的但并不符合他原来所述特征的判断力保留了空间。其中的一些判断力组成了这样一个类别，被康德称为"反思判断力"，相对于"定性判断力"而言。反思判断力的特征在于它对于"所给定的"（我们并没有可将特定情况归纳在其中的普遍规律，相反，这样的规律必须通过反思来寻找），缺少任何总体或主导性的概念。然而，尽管它是不定性的，也可以因为它的形式而被称为一种判断力（因为它做出了某种断言或主张）。根据康德，尽管这种"不涉及概念的"（non- conceptual）或"不定性的"判断并不构成知识（因它缺乏将感官印象组织成为普遍客观形式的规则），它们反而是一种内在的感情状态的体验——即快感与不快感（强烈程度或多或少有不同）。

《判断力批判》详细探讨了两种类型的反思（非确定的）判断力，即审美判断力（aesthetic judgements，也被称为品味判断力）和审目的判断力（teleological judgements，这里无须讨论）。康德进而根据是否关乎美或崇高而将前者再细分。对于美来说，审美判断力是关于对象（比如说，一支玫瑰）因其形式在观者身上产生的快感的（就是说，它的时空特性：轮廓、比例、对称等）。这些都激发了我们进行观照（contemplative）的鉴赏，因而是一种审美判断力。

严格地说，这种对美的判断力并未透露关于对象或其属性特质的任何东西，而是表达了在我们心中激起的感觉反应——它描述了我们的体验（正是判断之行为），而不是对象本身。这标志了康德的判断力的一个重要特征：它们从本质上来说是主观的。实际上，因为它们是非定性的判断力，所以它们并不像《纯粹理性批判》中概括的那样是客观的。在《纯粹理性批判》中，康德认为客观知识的特征在于它的必要性和普遍性（推而广之，它的可传达性）。尽管如此，康德力图说明审美判断力（因为它们是与可被互相辨识、分享及以有意义的方式传达的经验有关的判断力）从某种意义上来说是普遍的，其特征表现在某种内在的特性，而这种特性并不是从经验本身得来的。这种认为一件事情可以既是主观的（只是对我适用），同时又是普遍有效的（对每个人都适用）观念，听起来似乎自相矛盾。康德为他的这一观点提出了几个有争议的理据。

他的第一个论点是，关于美的审美判断力是无利害的，因而是自由的（自主的）。他的意思是，对于这种判断，我们能够也必须与对象保持距离，持冷淡不偏私的态度鉴赏它。因而，我们对它的观照不关注它可能的经济价值、功效或目的，它的道德适用性，它能满足我们个人欲望或感官欲望的可能性。我们客观地将其作为个别的情况来欣赏它本身，而不是代表一个种类或风格的它——就是说，我们针对看到的这个具体的玫瑰来表达我们的感受，而不是涉及应用普遍规律的玫瑰的总体，而愉快就在我们意识到自己能够如此看待这个事情的时候产生。对此，康德表示，美引起了观照、反思、和谐以及一种平静或舒缓的休憩。这是一种对我们能力的自我享受，"美的"对象总的来说是一种对我们这种能力的提示。

康德的第二个论点是，美的审美判断力涉及了一种不同于定性判断力的官能间互动的互动。那种使想象力活动隶属于知性活动的等级关系不再适用，这两种官能之间出现了一种"自由的和谐"，其中想象力自由地通过联想来探索对象，它所激发的东西不诉诸于任何决定性的规则或知性的原则。从这个意义上来说，想象力不再起到单纯再复制的功能（呈现并结合既有的感性活动，因而它们可以被纳入到一个普遍的知性概念下），由于产生了联想和共鸣，所以它也有生成的或创意的功能。总而言之，在官能之间出现了一种新的统一或和谐的共识，反映了观者由于对象本身而体验到的和谐，让接收者充满了人生充溢的感觉。

这引出了康德的第三个论点：引发了美感的对象之所以引发了美感是因为它暗含了一种"无目的的目的性"（purposiveness without purpose）。康德的这个看似神秘的说法要表达的是，激发了这种自由和谐的对象似乎是与我们的判断力相契合的，仿佛它的目的正在于此，或者说它就是照这个目的被创造的（尽管对此观点并无任何证据）。当一支玫瑰花受到审美判断的时候，它并不带有这个目的；简单来说，它的布局属性（它的形状和排列）看起来好像是按照我们无法得知的目的或目标来设计的。简而言之，对象似乎企图影射什么，但是并没有提供更高的目的或意义。

康德的第四个论点是关于共通感的。尽管现在人们把品位仅仅当成是从我们个人感觉或喜好出发的主观或个人意见，康德的关键性论点表示，尽管缺乏客观性（因为缺乏一种决定性规则），关于美的品位的纯粹判断具有一种先验的结构，这种结构使得它们在原则上是普遍的（尽管事实不是这样的），因而适用于自身之外 （作为"符合所有人的判断"，如他所述）。 康德的意思是，我们多少拥有一样的共同感觉力和判断力 (我们的思维结构是相似的)，这使得我们可以让其他人与我们达成共识，不管他们是否真的是这样。 这里重要的一点是感觉，这种审美的反应，由于与我们的感官经验类似，而可被分享，这些具有共享和普遍形式的审美判断提供了共通感（sensus communis）的开始，它是一种"常识"（有时被翻译为"公共意识"），一种共享的鉴赏，从原则上来说，可以传达给他人，因而提供了一种品味共同体的社会（或者利奥塔所称的"规范的"）基础。

现在转向崇高，我们发现它完全是另外一码事。 康德认为，美符合人类感知和审美，它可以促进舒缓的观照和与官能之间和谐的关系。 而崇高似乎与康德所述的这些美的审美判断力的特征并不一致。 实际上，崇高的超余的特征可能会瓦解康德试图"驯服"它以及把它纳入总体架构范畴的意图。

康德与他的前人伯克一样，认为崇高的特征在于主体的一种强烈而模棱两可的回应，即快感与痛感，而不是客体本身的典型的特定属性。 然而，不同于伯克的是，康德认为观者产生这些感觉，并不是在面对模糊不清或被湮灭的可能的时候，而是受到了无限或无形的威胁的时候。 他说，"崇高是绝对的大"，并补充说，它是"超越一切比较之上的大的东西"（Kant 1999: 64）。然而，康德区分出两种不同模式的崇高，分别被他称为"数学的"（mathematical）和"力学的"（dynamic）。第一，数学的崇高与绝对的大相关。它关乎物理比例，是遇到体量庞大的物体或场景时产生的（比如，山峰、夜晚的星空、悬崖、瀑布、金字塔等）。第二，力学的崇高是关于绝对力量的，它关乎能产生庞大的、野性的或席卷一切的力量感觉的物体或场景，比如凶猛的雷电风暴、汹涌的海洋、火山、地震、龙卷风等。每一种都让我们在最初面对这样势不可挡的事物时，痛苦地感到自己的渺小或微不足道。在面对这样的事物之时，我们没法完全理解或掌握所看到的和所经历的。这是因为呈现的官能（康德这里指的是想象力和感性的联合运作）无法提供给知性官能所需要的从概念上组织和理解此种经历的东西：简而言之，找不到这样的概念，因而知性暂被搁置，因为作为呈现与结合的官能的想象力无法呈现所需呈现的东西。相反地，一个理性想法（作为无限或无穷的概念）在脑海中被激起，但这只是让问题更复杂，让最初看到此种事物时更痛苦，因为在实践经验中没有与之相对应的东西。被看到的东西激起了一种无穷感，而想象力无法跟上这种对想法的感知，因而它感觉起来是痛苦的。

因此，这两种经验都激发了一种无限感和在心中将形式撕碎的感觉。美是平静、闲适、放松的，是愉悦感官的，并且对心灵和灵魂来说是和谐的。崇高不同于美，它激发了一种感知容纳范围之外的或与之对立的某种痛苦的东西。它在官能的整体功能里引入了一种不和谐，一种根本的最初让人惊呆焦虑的东西，它干扰甚至触犯着自我。

　　然而，先前将崇高的特征描述为痛苦，仅仅是观者进行体验的最初反应。理性想法的唤起带来了痛苦，也提供了缓解痛苦的途径，引发了更高程度的思考，是在找不到感性上与之对应的事物的情况下对某个事物的设想。对于数学的崇高来说，理性让我们意识到自己庞大的认识能力，证明了我们有能力在思想上超越自然，让我们对自身的理性力量充满了愉悦的感觉——我们可以想到超越我们体验的东西。对于力学的崇高，当我们在安全距离外感受到自然的野性力量的时候，理性伴随而来，同时激起了我们潜在的道德力量——甚至当我们身体上受到威胁的时候，我们对什么是合乎道德（我们可以自由选择某种行动方式，而不受威胁的影响，比如自我牺牲的行为）的感觉也无须妥协。

　　无论在哪种情况下，对康德来说，当主体的完整统一最初受到威胁后，崇高通过理性最终确认了自我的主导地位。接下来愈加清晰的一点是，尽管利奥塔赞同，理性想法可能会为崇高的体验带来一种奇怪的快感，他拒绝将这种快感与主体对自我认识力量或道德超然性的确认联系在一起。

　　在审视利奥塔的观点之前，康德理论还有最后一个重要的方面值得我们再探索一下。康德认为，崇高能够感染我们的力量，源自康德称为"消极呈现"模式的东西。他所表达的是（他参考了伯克关于模糊的概念并对其进行了修改），正是由于理性想法没法在现实经验中找到与之对应的东西，使得它对我们的影响更加强烈：我们经验内"对象"的形式或界限越不确定（比如我们根据时空的先验形式去感知它），结果它就越可能成为更强大的东西。然而，它的前提是，我们必须通过某种方式一直意识到这一点，哪怕仅仅间接地通过暗示或者被康德称之为的"抽象"。康德将这种消极呈现类比于古代犹太法律里禁止依照上帝的形象造图一样。正是这种禁制或者匮乏，赋予了这种"无形的"或不可感知的神性一种神秘的力量或超越世俗的深奥感——一种超余的激发力量，这样一来，就无法产生更为人熟悉或辨识的描述了（例如把上帝描写成一个仁慈的叔父般的白胡子老人，就像是儿童故事书里出现的那样）。

尽管这一段崇高的浓缩史可能是繁冗的题外话，但它为我们提供了所有必要的工具，去审视利奥塔是如何在其两篇文章中，通过讨论美国抽象画家巴内特·纽曼，来利用、修改和挑战伯克与康德各自将崇高作为一种混合了快感和痛感的不和谐的这一叙述的。在《纽曼：瞬间》和《崇高与先锋派》这两篇文章中，利奥塔显然将纽曼的艺术作品与崇高的审美联系在一起，尤其是伯克关于崇高的匮乏和模糊的特性的叙述，以及康德的无形和消极呈现的观念。如利奥塔所述，纽曼本身就熟悉崇高的概念，他自己就写过关于这个主题的古怪评论，有时他对作品的命名（《太一》《名字》《英勇崇高之人》）也强调了这一关联，所以利奥塔从这个角度看待纽曼的作品是有据可循的。

在《纽曼：瞬间》和《崇高与先锋派》这两篇文章中，利奥塔都先通过对时间的讨论来将纽曼的作品与崇高联系在一起。第一篇文章中，利奥塔区分了伴随或植根于任何艺术作品中的不同的瞬时性（temporalities）或"时间场"（sites of time）：创作艺术作品的时间，观看和理解需要的时间，社会或历史传播的时间，等等。然而，花在"这幅画"上的时间的活动，是最让利奥塔感兴趣的瞬时性。他强调，这种瞬时性是让纽曼的全部作品独树一帜的东西，这并不是沉湎于时间是什么或时间提供了什么的问题，因为这问题在作家和艺术家之间并不稀奇，而是纽曼的作品对于时间的探索有独到的回应：即"时间是画面本身"。

利奥塔对比了杜尚的作品与纽曼的大幅单色画（通常被一两条线分割开来，这些线被称为"拉链"），他指出，杜尚最著名的两个作品《大玻璃》和《给予：1.瀑布，2.燃烧的气体》指代或者塑造了这样的事件或体验，它从事件的期望和后果的角度出发，探讨了它们各自引发的时间感是如何最终超出了意识的理解或意识的同步活动的。

值得注意的是，利奥塔一直对杜尚的这两幅作品充满兴趣，他在力比多阶段写了一系列关于它们的文章（收集在《杜尚的改/造》一书里）。尽管这些早期文章将这两幅画主要看成设置（dispositifs），输送流通能量，而最终又偏"不起作用的"精细复杂的仪器，利奥塔也提到了它们瞬时的特性："大玻璃的时间是剥光而未竟的时间；给予的时间正是完成剥光的时间（TRAN 36），这种剥光在每个瞬间中之于意识，正如看见之于被看到的身体。对于《大玻璃》，利奥塔强调了寻找确定意义是徒劳无果的：因为目的"并不是试图理解和展示已经理解的东西，而是相反，尝试不去理解，并且展示你还未理解的东西。"（TRAN 12）

《纽曼：瞬间》一文简要地重新介绍了这两幅作品，指出它们的承诺没有兑现，因为两幅画各自都展现了时间的神秘，这种潜在的启示也阻挠了我们最终捕捉到完整的东西。比如，在《给予》中，观看者看到的是一扇巨大的木门。如果他们再靠近一点儿看，会发现木头上有两个窥视孔。从这些窥视孔看过去，会看到一个奇怪的透视画，背景是山水风景和瀑布，前头是一个横卧的女人，看不到脸，她举着一盏灯。

杜尚的这个作品是通过两个阶段或步骤表达的——从第一组孔窥出去，而发现了另一个"孔"（这样用眼睛看过去，意味着一种奇特的不在看的"眼睛"正往回看）——一个没有确定终点的旅程，却可以让我们不知所措地着迷。对利奥塔来说，纽曼似乎更不简单（同时减少了所需的步骤）：杜尚的《给予》暗示着某种超出我们范围的东西，无法呈现的东西，纽曼的画作以更直接又更间接的方式面对这个问题，强调了接触到的这一刻本身，被作品这感性之物神秘地"打动"了。这些画作在这个事件发生的时候见证了它的发生，在它的发生过程中，作为"这一刻已经到来"的一刻，也作为没有确定内容的一刻，"几乎没有可以'吸收'的"（INH 90）。从这个角度来说，纽曼的作品并不代表或描述一个事件，也没有期望什么难以琢磨的启示即将到来——它们就是事件的展开，因为它们允许时间立即向观察者"自现"。因此，利奥塔将纽曼的画作称为"天使"，正如《圣经》中的天使都是一个名字一样，他们并不传达信息：他们的出现就是信息（报喜）；"信使就是信息"，它预示了一个事件，也代表了这个事件（INH 79）。

利奥塔认为，在纽曼的这些作品中，比如《太一》《名字》以及《英勇崇高之人》中，色彩、线条和韵律都不让人看出画的是什么，在观看者找出它的一些确定的含义，或者可用日常生活的叙事描述之前，观看者的眼睛不得不直击发生这一事件的时刻。在这些际遇之时，"信息就是展示，但它什么都没有展示；这就是，展示在场（presence）"（INH 81）。这种"在场"有时被利奥塔（从德国和法国哲学的思想中借鉴，从海德格尔开始，从列维纳斯到布兰夏特）称作"有"（there is，法语是 Il y a，德语是 Es Gibt），它标志了一种暗示性质的难以琢磨的"不可言传"（Je ne sais quoi），它面对并"触及"了意识，继而挑战着自身的极限。

这些画作都在宣告，在它们被观看的时候，某种重要的"事情"正在发生，在这一刻展开，尽管我们不知道它是什么，或者它可能意味着什么（见图6）。利奥塔将这种发生，这个事件，描述为一种本体论的干扰，或我们存在感的中断，是意识和我们的现实感的"断裂"（他在不同的著作里也用不同的名字提及这种断裂：一个休止、堵塞、中断、迟缓、暂停、"空白"等），是在存在的或可辨识的意义框架之内，对主体合成或重整其"经历"的努力的阻挠。

在他接下来的文章《崇高与先锋派》中，利奥塔扩展了这个论点，他将纽曼的作品看作是一种对"此时此地"发生的神秘际遇的呈现，是"崇高体验的对象"。这里所说的"此时"，对于这个正在发生的事件是不确定的，并且与观看者的理解不相容的。

纽曼的"此时"是个很短暂的此时，它是不被意识所识的，并不能由意识组成。然而，它正是解开意识、推翻意识的东西。它是意识无法意识的，甚至是意识要忘记它

才能构成意识本身的东西。我们无法意识到，有什么事情发生了……简单地说，它发生了……仅仅是一种发生。（INH 90）

图 6. 巴内特•曼 （1967） 《火之声》 布面丙烯

图 6.《火之声》，巴内特•纽曼（1967），布面丙烯，543.6 cm×243.8 cm。 加拿大国家美术馆，渥太华。© 巴内特•纽曼／ARS. 由视觉艺术协会授权，2012。

类似地，利奥塔将这种发生看成是试图让主体去理解它而自设的障碍。康德认为，在开始的痛苦之后，崇高最后给对象带来更高层次的自身的确定感。不难看出，利奥塔对康德的这一观点并不苟同。对于利奥塔来说，崇高体验的价值恰恰在于它延迟甚至阻碍这种可能性的能力。

利奥塔强调说，这种不确定性必然出现在任何的辨识或意义的活动之前。这个是否"什么事情正在发生"（它正在发生吗？它到来了吗？）的问题出现于任何可能强调"发生了什么"的问题之前：

> 可以说，它发生了，总是"先于"发生了什么的问题。或者说，提问先于问题自身，因为"它发生了"就是关于事件的问题，"然后"，它才涉及刚刚发生的事件。作为问号的事件"先于"作为疑问的事件到来。发生"首先"是发生了吗，是吗，可能吗？仅仅"然后"才是由疑问而决定的：此事或彼事发生了吗？是此事或彼事吗？此事或彼事可能吗？（INH 90）

实际上，试图直接在这一刻如其所是地捕捉它，结果都无法捕捉到任何可被辨识的东西。时间的绵延将"现在"置于可被理解的，似乎是持续的经验的流动中。这种捕捉的尝试隔断了时间的绵延，引入了一种脱节，一种"之前"和"之后"的不对称（因为在这个事件之后，任何事情都不同于过去，所有事物都为了寻找一个线索而被改头换面）。它并不取决于一个先验形式或认识的合成（就是说，一个预先给定的心理或感知结构），它将一种休止引入思维中，在本来应该界定和限制主体及其理解能力的整体中引入了一种干扰。正如利奥塔在《崇高分析论讲稿》中所述:"崇高的暴力正如闪电。它在思维内部短路了……目的论的机器爆炸了"(LES 54)。或者如他在别处更直接的说法:"当崇高在'那里'(哪里?)的时候,思维就不在那里。只要思维在那里,那里就没有崇高。这是与时间不相容的感觉,正如死亡"(HJ 32)。

我们得先斟酌一下这个神秘的"那里",利奥塔经常将这种"在场"称为一种"赠予",并认为它是本体论的(在某种程度上与"存在"相关)。他是在何种语境下使用这个名词的?显而易见,利奥塔这里所说的"在场"与德里达著名的形而上学批判并不相关,后者主要指的是一种哲学传统,假定一种自我肯定的存在,或者作为知识和真理的基础。在利奥塔的叙述中,这种不确定的"在场"并不提出任何关于基础的言论,因为它一旦被捕捉,就被转化了(甚至是背叛了),所以它是被简化了的。实际上,它取消了这种基础。

除了德里达,更为贴切的哲学家就是海德格尔了。利奥塔在其全部作品中繁举了海德格尔,所以才有了这两位的对比。实际上,利奥塔在多本著作和文章中都详细地探讨了海德格尔的思想,或他的思想针对具体问题的影响和含义,比如新近的艺术沟通技术的效果(我们甚至可以说,尽管《后现代状况》对海德格尔不无批判,但是利奥塔将海德格尔关注的一些问题作为了他这本书的概念背景)。利奥塔在其关于崇高的著作中(《非人》一书的文章中),反复提及"存在"(being)、"事件"(event)和"构架"(Gestell)这三个海德格尔世界里的关键名词。对于第一个名词,举个例子,利奥塔在其关于纽曼作品的讨论中提及:"就是海德格尔称其为本有（ein Ereignis）的东西——是极为简单的"（INH 901）。
另一个例子："我们理所应当地认为，赠予出现在海德格尔
称为存在的这个X之前"（INH 11）。利奥塔在这两番言论中
承认了，艺术在某种程度与存在相关，如同这种在场与构成
事件的"赠予"之间的关系，这样一来，利奥塔的观点就与
海德格尔的观点接轨了。然而，我们进一步审视海德格尔这
些名词的含义，就会发现它们不再是看起来的那么简单。

为了更好地理解利奥塔和海德格尔各自的观点，我们
先简要地审视一下海德格尔对于存在和艺术的观点及其与
海德格尔更广大的哲学体系的关系。海德格尔在其早期著
作中宣称，西方文明的特征在于它对哲学核心关键问题的
健忘和忽略：存在的问题和它的意义。自前苏格拉底（the
Pre-Socratics）以来，这个问题（存在意味着什么）一直被遗
忘或压抑，取代它的是对具体"存在"的性质的探索和决
定（比如具体的实体或某个类型的实体，由什么组成，有
什么特性），它在现代科学的物质主义和虚无主义中登峰
造极，也就愈加堵塞了"存在"，贬低了它的价值。尽管
历史如此发展，海德格尔宣称，人类与存在仍有着特殊的
关系。他将作为个体的人称为Dasein，作为集体的人类称
为Da-Sein（二者字面意思分别为存在 - 那里，那里 - 存在），
以此来避免以前沉淀的人文的或客观化的关联含义。就是
说，人是存在的唯一拥有自觉的实体。人是唯一能寻问自
身的存在和生存问题的实体。进而言之，它是这样一种实
体，它能够意识到这些问题，意识到浮生有限和终有一死
的宿命，继而从伦理、社会、政治和哲学上重新为生活定
向：因而，它可以在有限的生命中，根据自身所需做决定，

以有意义的、真实的方式生存。

　　自20世纪30年代初开始，海德格尔在尼采的启发下，尤其是尼采关于虚无主义的著作，重新梳理了他的思想。在《论技术问题》等文章中，海德格尔开始探讨现代社会对存在的持续忽略和回避所造成的影响。海德格尔表达了在面对当代文化和空洞陋俗的现代性的异化和不真实时，存在的困扰和迷茫。同时他的观点中也充斥着对现代生活中已经（或正在）丧失的东西的深深的忧虑感：即，从人生-世界的直接相关的经验中产生的有机纽带和信仰体系，它们曾经将社区团结在一起。从根本上来讲，海德格尔认为，与过去的几个世纪相比，以当代技术和科学的手段理解存在反而与存在（或诸多存在）的关系更加疏远了。海德格尔宣称，现代社会愈加用计算的方式去思考和理解世界，一切都成了"物"（甚至包括其他人），成了出于消费和剥削目的的物体或材料，因而其价值也被贬低或掏空了。这种物化和量化的认识和控制世界以及其他人的方式——被他称为 Gestell（通常被翻译为"构架"），使一切沦为了常备的储蓄或库存，成了随时可以为人类所用的东西。[1]

　　要注意的是，海德格尔并不是批判技术，因为他所说的构架指的是一种思维方式，世界观，一种概念上的理解，它出现在科技构成我们与环境和其他人接触的主要方式这一观念之前，也是让这种观念成为可能的东西。这种观点或构架使存在和世界的潜能沦为了一系列基于计算的有效

---

1. 评论者们指出，德语中的 Gestell 在法语中一般被翻译成"dispositif"，利奥塔用"dispositif"来描写能量的设置。例子请见 Iverson & Melville (2010: 179)。——原文注

率的交易，以及利用工具开发和有效干预的形式——这种观点认为，存在被虚无地剥夺了意义。他认为，在这样的世界里，尽管人与人在物理上和沟通上的"距离"可能比过去更小了，也更容易克服了，但是在这样的环境里（针对于存在和社区而言），人们之间的距离也前所未有地遥远了。

海德格尔在关于艺术的著作中试图强调这些问题，提供认识世界的新方法。在他著名的《艺术作品的本源》（海德格尔针对这一问题最著名的文章）一文中，他在存在的观点背景下来概括对艺术的看法，试图卸去艺术肩上很多惯有的假设的负担（在关于构架 Gestell 的语境下），同时赋予艺术与存在之间独特而优越的关系。海德格尔认为，一件艺术作品并不是由它的组成、性质、问题或"信息"来定义的（尽管显而易见，在某种程度上艺术作品与以上这些因素相关），也不是由创作它的人的初衷或它的任何功用和商业价值定义的。它仍然是物（它的普遍含义），但是不止如此。它可以同时展示，它是这个物体，也是这个物体出现的意义背景。海德格尔认为，它是贯穿艺术作品中的发挥效应的真理。因而，针对与自身的"人生-世界"或者它所在的世界而言，它阐明（或用海德格尔的语言来说"揭露"）了人与存在的关系的真理。这并不是客观的量化的科学真理——这样的科学真理假定我们的经验和物质世界之间的有可测量认证的关系——而是一种更深奥的关乎存在的真理，针对我们如何生活和评估事物，关于事物更深层的意义。从这个角度而言，当我们看到一件艺术作品之时，实际上标志了海德格尔所称的"事件"（ein Ereignis，有时英文里被翻译为"propriation"或"enowning"）。后者在海德格尔哲学中是个微妙棘手的词，因为它的意思经历了无数洗涤，并随时间沉淀了很多含义。然而，在这一具体时期，他主要运用了这个词的两个相互关联却不同的含义：一种是为了让存在和它的意义显露（揭露或揭发）出来，我们要为它们腾出地方；另一种是暗示一种发生，它不仅仅是一种暂时的现象或历史事实（比如"我今天去上班了"），而是一种更深奥、更神秘和难以解释的东西。对于后一种含义而言，它指发生在人身上的东西（无论是针对个人还是社会），对于每一个个人或共同体而言是独特的，是一种"生活过的"体验，给予了正发生在他们身上的事情新的意义，使得他们提出问题，以不同的或新的角度看问题，并可能因而彻底让他们转变了（可好可坏）。

海德格尔讨论了三个例子，阐明了艺术作品揭示真理的这一事件的不同方面。首先，他探讨了梵高画的泥靴子。海德格尔认为，这幅画展现了这些物体的意义，展现了靴子在某个人的日常生活中的角色或功能，而这种意义我们平时是不会注意到的。他认为，这样的作品证明了它与它所出现的世界的关系，提供了关于它所在的人生-世界的洞见。

第二，他讨论了一座希腊神庙。这座神庙是建造在一种张力（或者他所说的"冲突"）之上的，一头是神庙发挥作用和它所处的社会和宗教"世界"，另一头是神庙赖以筑居的"大地"本身的潜能或可能性：这是社会意义和存在的物质性之间的动态关系。但是最重要的一点是，它同时创造提供了这样一种空间（一个世界），在其中，社区的需要被满足，价值也被共享。人们在里面崇拜神灵，庆祝初生和婚姻，或哀悼死亡。因而它创造并维系了一种界定和限制社区的纽带：它通过共享的价值、意义和抱负让一个社区凝聚在一起。

第三个例子更模糊，但也是最重要的。自从这一时期开始，海德格尔就开始从人与语言的关系的角度来审视人（语言被看成是人所栖居的家），他将人看成是一种牧羊人，负责照看存在的方方面面。语言具有为事物命名的能力，起着创造意义的关键作用，这一点在海德格尔所称的它的"诗意"性质中最显而易见。所有的艺术都有这一性质，而海德格尔认为，书面和口头诗歌的激发效果最为有力。他引用了诗歌，尤其是弗里德里克·荷尔德林的作品，作为罕有的几件（同时他也举出了政治和宗教）可以建立起一个"民族"以及整个文化的事物之一：赋予它本身一种集体身份感，并针对存在（存在的意义以及我们应该怎样生存）的问题给它定位。

艺术作品具有揭露存在的真理的特性，海德格尔的观点让我们从不同的角度看待这个世界和我们与这个世界的关系，让我们免受构架摧毁性的后果。然而，他也承认，这样的希望正在消退，因为在这样一个贫瘠和机械的世界中，艺术的"用途"已经日益褪色。

我们将海德格尔与利奥塔的观念相对比，可以发现，关于海德格尔的事件的观念，两位的观点并非相左，因为他们都将事件看成是转化性的超出所发生之事的东西。但是针对它出现的背景和如何将其与艺术相联，两位的观点开始从根本上分道扬镳。对于利奥塔来说，艺术作品的价值正在于它抗拒提供"意义"（接下来可以更明显地看到，利奥塔毅然拒绝承认艺术充当任何团体纽带的支持或基础的角色）。艺术作品的在场是不确定的。这是一种神秘的无法呈现的"赠予"，似在不在，无迹可寻。实际上，利奥塔将它描述成"存在于所有接触之前的，不会已经在这世界出现，也不是这世界里的"东西（HJ 34），以及"在［作品和观者］身上留下没有痕迹的'存在的'痕迹"的东西（HJ 33）。从这个意义上来讲，这种赠予自相矛盾地通过带走其他的东西（意识）而呈现了什么东西（一个事件），它提供或给予，同时有所保留；它前进而又后退。从这个意义上来说，这似乎类似于海德格尔对于隐藏和揭露的叙述；然而，它既不隐藏也不揭露的就是意义。它也不向我们呈现基于一个具体人生–世界或更广泛的文化的一套价值和关系。如果我们回归到利奥塔最早期的话语，追寻它的脉络，这种不同就一目了然了："一个事件，一个际遇——就是海德格尔称为事件（*ein Ereignis*）的东西——是极为简单的，但这种简单只有在匮乏的状态中才能接近。即我们要将被称之为思想的东西卸除武装（斜体以示强调，为作者所加；INH 90）。

在《崇高与先锋派》中，利奥塔将这种发生，这种在场与纽曼的画作激发的"它在发生吗"的问题联系在一起，以及伯克关于"匮乏"的论述，他这么做并不意外。利奥塔认为，这种堵塞让我们感到面对一种不确定事物的崇高体验，就是这样一种匮乏的状态，惊恐与愉快矛盾地混合在一起。纽曼的作品拒绝了我们熟悉的事物，在其中引入了休止，干扰了思维的顺畅流动，因而让一种吸收式（甚至侵吞式的）理解产生了偏移，因而引发了正在发生什么的问题，以及发生了什么的问题。然而这些问题已经存在太多的先见和假设了。在知道正在发生什么（或者发生了什么）之前，是它正在发生：某个东西，某个事件，在被理解之前发生了，并且被嵌入了组成常识和经验的马赛克之间。

这样一来，每个发生都会在悬而未决的理解中引发一种终结感，是否其他的事情会或能发生，不会再有什么发生，发生不再有，没有下一刻，此刻将归于空无，归于湮灭和死亡。这种可能如阴影般潜伏于正在发生的事情的每个连续的瞬间——在任何一刻它都可能或能够停止——突出了会有下一个"时刻"到来的慰藉。这种际遇产生的快感并不是康德所指的自我肯定，而是一种"匮乏已经匮乏"的轻松感，有某种给定的"东西"，任何事情，尽管我们并不知道它是什么。从某种意义上来说，理解是防止人生无可避免的终止的持续的尝试（尽管是徒劳的）。对于利奥塔来说，这是纽曼画作以及它们针对这种匮乏激起的崇高感的关键特征，它们没有描绘任何可以辨认识别的东西——相反地，当我们注视其中的一幅画时，我们只能看到大片的色彩，有时被一条线拦路截断。从这个意义上来说，它们拒绝了一幅画要与我们经验的熟悉元素对应的需求，它在某种程度向我们展示了"世界"，它重新呈现了一个"物"，或者传递了一种意义或信息。然而严格地说，每幅画都不是空无的——它是一种奇怪的没有一事物，但并不是什么都没有。每幅作品都给了我们某种东西（它呈现了一种不确定），虽然它不是某个事物（这个东西，那个东西，任何具体的东西）：但是无论如何它是一种"在场"，重要的是，它是一种在场，一个时刻，在被理解之前先被感受，让人们自相矛盾地同时感到痛苦和愉快。

纽曼作品中对积极的"内容"和"形式"的拒绝与伯克关于面对模糊和隐晦的崇高体验直接相关。正如之前提到的，伯克根据绘画和文学各自描述和激发的能力区分这二者，他提出，文学更加有力，因而是二者中更为崇高的。他宣称，绘画（视觉艺术的总体）对于诗歌来说是低一级的，因为绘画的本质取决于喻形、模仿还有辨认——它以清晰熟悉的方式向我们展示事物的原貌。它必然要让它们以原貌见人。然而相反，诗歌运用符号和心理联想，与它们所激发的事物并不相像，而是依靠想象力的力量来唤起我们心中朦胧的或难以界定的画面，继而产生强烈的感情。这些联想并没那么清晰，而是更抽象，然后更加强烈，因为它们超出了熟悉的界限，并挑战着我们的想象力。

然而，利奥塔不同于伯克，他不觉得这有什么问题。绘画并不是低一级别或处于弱势的——它以自己的方式同样能满足诗歌能满足的需求。毕竟伯克生活在一个社会和艺术价值更严格的时代和社会。他并不能预见到未来的绘画类别，比如"抽象表现主义"这种并不致力于再现可被辨识的形式和物体的绘画。然而，在我们所处的历史时代，绘画和文学（实际上包括所有的艺术）证明同样可以不再去描绘可辨识的或写实的东西，而去追求"无形式的"以及在感知和概念上"模糊不清的"东西。因而，利奥塔宣称，所有的现代作品都可能通过拒绝喻形和模仿，强化朦胧的感觉，从而激发崇高感。

对于纽曼以及利奥塔后期作品中提及的其他艺术家的作品而言，这通常涉及了以不同方式对图像进行去熟悉化或去形式化，不管是在总体图像中减少、消解或倍增元素，或者进行图像本身的抽象化处理。拒绝为观看者提供熟悉可辨识的形式，因而拒绝提供一个可以轻易传达给他人的清晰的想法或感觉，所以它与康德所说的崇高具有的"无形"这一特征相联，是呈现的官能（感性和想象力）无法适当形成的。但更重要的是，它直接与康德对崇高以"消极呈现"的模式激发力量的叙述相关：作品必然只能暗示无法直接呈现的东西，可能被认识，但是无法给出具体例子，只能靠感觉。然而感觉到的是一种神秘的存在，因为崇高感"见证了一种'超余''打动'了心灵，超越其能应付的能力。"（HJ 32）

实际上，"消极呈现"让我们靠近了无法呈现之物，20世纪先锋派东鳞西爪的尝试中都可寻觅到这种力量的踪影。《崇高和先锋派》的后一部分以及利奥塔之后的论文《再现，呈现，不可呈现的》中，利奥塔简单回顾了这些创作的集体努力的历史，它与伤感怀旧的对前现代的向往大相径庭。海德格尔认为艺术是对构架潜在的克服，他的观点实际上被这种怀旧的向往削弱了。利奥塔在这些文章中承认了在过去一个世纪里工业、科学技术和资本主义的发展和交融使得传统艺术面对日益边缘化的前景，甚至被淘汰也不无可能。实际上，资本主义科学技术创造了这样一个世界，它"需要摄影，几乎不再需要绘画，正如它更需要新闻而不是文学"（INH 119）。

这并不是单纯地说摄影以及像电影这样的相关视觉技术能够更好地满足再现"现实主义"的需求和传统，满足熟悉惯例这一社会沟通惯用货币的需求和传统，而更重要的是，这样一来，摄影就占据了主导，能够更胜任15世纪以来绘画享有的传统的优越角色：就是说，基于单目视觉方式来组织社会和政治世界，并且构建这样一个无所不包的约定俗成的现实。通过绘画中的不同透视和模仿的技术，15世纪到20世纪初期之间的社会结构已经围绕"君主"的主导视角被确定、编码、整理和管理。对熟悉米歇尔·福柯的"认识论"的人来说，这一观点并不陌生，尤其是福柯在其《事之序》里对委拉斯开兹的画作《宫娥》的叙述。福柯认为《宫娥》象征性地代表了当时普遍和切实的问题，它的结构是为了让观看者与画中君主的视角一致，尽管是通过镜面反射来呈现的，但无论如何君主在画面以外是此画的主导性前提。相似地，利奥塔认为，绘画史在意识形态上约束着我们对社区和自我身份的等级观念，通过一种透视主导的相似过程来界定"视觉和社会的元政治秩序的规划"。

摄影超额完成了这一任务，因为它同时完成也取代了这一任务。对于绘画来说，从事者为了获得专业技能需要进行长期缓慢耗时费力的学徒时期，与之相反的是，如今更便宜易得的具有自动"一按"功能的摄影机并不需要专业技术（比如自动对焦、曝光时间、照明、图像的转移或成形，以及今天图片传播的媒体渠道比如 Flickr 或 Instagram）——利奥塔称其为"工业的现成品"——它让所有人或任何人都能参与到其中来，进行安排空间和文化这一庞大的界定性任务。一方面，他们（无论是有意识地还是无意识地）在进行人种学文献的活动；另一方面，他们放手让各方面经验都随它支配了。这种匿名的同化过程的结果就是，资本主义日益庞大的商业化窥视无所不在。

　　另外，比绘画高一筹的摄影用官能之间自如、有趣的统一，取代了绘画提供审美的新角色。然而，摄影作为工业和后工业技术的延伸，它修改了这种审美，通过程序设备以及它规定的共识，逐渐预先界定着审美，而不是去寻找品位相投的共同体。这种过程的总体影响不仅是失去了附着在图像上的"灵光"（"aura"，瓦尔特·本雅明的著名说法），并且毁坏了体验的独特性，取而代之的是预先程序化、编造和仔细算计好的想法和感觉，通常与媚俗（kitsch）或陈词滥调为一物。

　　绘画（甚至是某种与这种发展大相径庭的摄影）受到摄影及其技术的挑战，努力找寻自己的位置和目的，因此转而进军先锋派的领域，成为一种质问或研究的形式，它没有任何预设，也不带有任何治疗性或是整合性的社会或政治计划。相反地，绘画必须要重新自我检验、自我定位，并提出"什么是绘画"的问题（正如先锋摄影提出"什么是摄影"的问题，以及背后更广阔的问题，即"什么是艺术，或什么能够成为艺术？"），并且能够寻找和质疑"规则"，也就是自身创作的条件。如利奥塔所观察到的，"绘画因而成了一种哲学活动"，其中"绘画形象的形成规则不是先定的，不是只等运用的"（INH 121）。然而，它所面对和激发的是一种不确定的彻底的质疑过程：

　　　这种折磨先锋派的疑惑并不止步于塞尚的"色彩感觉"，仿佛它们是毋庸置疑的。因而它们也并非止步于它们开启的抽象派。这种证明不确定的存在的任务不断冲出防线，理论家的著作

和画家自身的宣言等于是设起了重重堡垒。（INH 103）

先锋派进进退退，通过本质上更精简而非繁加的方法和过程，质疑并争论着曾经与实践领域相联的技术和概念上的预设。

对于绘画来说，在过去的一个世纪里，它涉及了一种调查性的质疑，超出了单纯挑战什么才是合适主题的问题，而走向对媒介和实践的每个方面的使用和应用的解构，单独或二者合一，包括：线性透视、颜色值、色调、颜料、质地、刷子、支撑（例如帆布和夹框）、画框、图画大小、展览或活动场地、一个独立的物理对象的存在等。显然，这并不是克莱门特·格林伯格所要求的那种对规格的天真追求。具体来说，是一种本质上确定的正式的媒介（针对绘画而言，他称之为"扁平化"）（INH 103）。

一来为了呈现传统摄影和电影无法呈现的图像、质地或体验，二来为了突出根据流行或既定的再现规则程序展示无法展示的事物的普遍问题，绘画和先锋视觉艺术普遍面对着可视性的问题本身（正如先锋音乐要面对什么组成了声波和听觉的问题，因而挑战了音调与和谐；文学面对着叙述和话语的限制与基础的问题——它们都寻找着使其成为可能的东西，同时自己又不被捕捉到或被直接呈现）。从这个角度来看，绘画开始将视觉的"'已知条件'推翻，以此来说明，视觉领域隐藏着、需要着看不见的东西"（INH 125），这样一来，让"人们看到使可见之物，而不是可见之物"（INH 102）。实际上，先锋派致力于康德所说的消极呈现的"抽象"：就是说，并不是呈现不可被呈现的——这几乎是不可能的——而是呈现这样的事实，即不可呈现的是不可呈现的，"消极地呈现不可呈现的"，二者都暗示鉴证了呈现这种存在的不可能，而这永远都是在给定中假设的："艺术所做的并不是见证崇高，而是见证这种艺术的困惑和它的痛苦。它并不是去诉说不可诉说的，而是表明它不能诉说"（HJ 47）。

为了强调这个问题，绘画放弃了传统的摄影和电影，以及当代文化产物编造的和程序化的图像，那种所谓的多种多样的美，而是转向未被"常识"规范或被审美共同体松绑开的崇高性的审美。它制造了奇特的"野兽"，一方面冒犯并困扰着大众，挑战并动摇大众的期望和对"真实"的感受、他们的身份认同和判断力，以及对于可以很快被轻松消费的商品的依赖性；另一方面，它抵抗了市场、国家文化委员的指定性的政治和社会纲领，以及大众媒体的"公共知识分子"的纲领性的支配作用。

康德宣称，关于美的品位的审美判断力，是一种非概念的判断力，或者说反思判断力，仅仅由感觉来界定，进而在原则上是一种普遍的"情感性"（sentimentality，可被共享和传达，因而可以形成一种交流或一个共同体的基础）。他描述了一种并不关乎确定概念的理解的沟通方式。在这种判断力的基础上，康德假定了这样一种有共同稳定品味的共同体（共通感），但是利奥塔设想（在其文章《崇高与先锋派》和《某种如沟通……无沟通的事物》）倘若我们审视关于崇高感的沟通的观念，我们能发现什么。那么我们可能没法假设这种共同品味的共同体的概念，因为这种崇高的体验，这种"它发生了吗？"并不能提供这种共同基础，哪怕针对感觉而言。实际上，美的感觉会引发平静的、观照的与和谐的憩息，是对形式的欣赏，与这不同的是，这种"无形的"或毁形的崇高引发了·种本体论的攻击和焦虑，造成对对象本身的质疑，而它试图掌握时间的努力作废了。因而我们发现一种没有概念或对象的"沟通"（至少不以任何可辨识的方式），它没有客观确定的先见，也没有和谐的不定性的品味判断力的先见，它不是针对任何人的（因为它没有信息，没有任何可确认的内容），因而从何种角度可以说它还是沟通？崇高与美迥异，它并不是单纯地基于一些人的共同感受而形成的团体，而是在对象的线性时间感中引入一种休止的存在，因而是一种（自我的）共同的丧失。说它是共同体，只是因为艺术作品接收者的社会和意识形态结构已经分崩离析了，这是一种消极的（共）合，其特征并不在于审美的一致，而是一种剥夺或废止的共同感，利奥塔称之为"缺乏的感受力"，它是一种接收能力，它接收接下来，社会的"真实"不一定能够连贯一致地提供合适又可沟通的时空形式。正是在这种背景下，先锋派致力于无情地瓦解那些占统领地位的观点，它们曾在20世纪组织了我们的经验，我们现在要转而审视更广阔的命题。

第四章

The Fourth Chapter

后现代主义

所有的结局都是大团圆，正因为它们是结局，因为哪怕一个电影以谋杀结尾，它也是对不和谐的最终的解决。

——利奥塔（Lyotard）

　　思考的痛苦正是时间的痛苦，是发生了什么的痛苦。

——利奥塔（Lyotard）

　　我不能继续，你必须继续，我将继续，你一定要说些什么，只要还有话可说。

——塞缪尔•贝克特（Samuel Beckett）

正如几位评论家所述，从20世纪70年代晚期开始利奥塔的作品进入了一次转变，从对空间不厌其烦地阐述，逐渐转移到对时间和瞬时性的关注，先是透过叙事（narrative），再透过后现代和崇高。这种新走向同时标志着利奥塔从力比多术语（尽管仍旧没有脱离弗洛伊德）向康德语汇的转变。

后现代的观念尤其为利奥塔提供了对艺术进行旧题新解的方式。我会在这一章里探索三部示范性的作品——《后现代状况》《对"何为后现代主义？"这一问题的回答》以及《重写现代性》。这三部作品各自提供了利奥塔对后现代的独特而互相关联的见解。第一部是利奥塔对于后现代概念的概述；第二部明晰了他的立场，并涉及了崇高和更普遍的艺术等其他问题；第三部展现了利奥塔的后现代观念更广阔的背景。我探讨这三部作品是为了说明，利奥塔的后现代思想并不是属于一个落伍（或已经过时）的时期或理论，实际上它与文化和当代艺术息息相关，现在才最为应时。

20世纪70年代后半段，利奥塔对"叙事"（narrative）的角色和意义的兴趣日益浓厚，这是他探讨后现代概念的开端。这里所说的叙事指的是意义与沟通的结构，社会组织的形式，更重要的是，它是一个对社会政治现状的潜在抵抗的根据地。他的兴趣点在于，所有的文明是如何依赖"讲故事"这种受欢迎的形式，来将经验梳理成可用语言传达的有意义的组合或片段，因而提供了理解自身的手段，以及理解和构架他们集体的过去和现在的手段的。利奥塔尤其探讨了"更小的"叙事，它们力图避免被西方社会的主导观念或统治机构同化，他将这些反叙事（counter-narratives）称为"异教"，以此来表现它们的不诚不敬不易消化的特性，以及可能对权威和社会服从的挑战。利奥塔尤其感兴趣的是，在没有固定标准的情况下，我们是如何在隐含于琳琅满目的故事里的相互较量的论点之间做选择的，而同时依旧赋予它们某种正当性。

利奥塔受魁北克省政府的大学理事会委托，准备一份当代"发达"社会的知识状态或状况的摘要报告。他从叙事的角度出发，这并不令人意外。让人意外的是，在20世纪70年代中期一个在美国举办的会议上，他将这种方法与他从文学评论家伊哈布·哈桑那里听到的"后现代"一词联系在了一起。利奥塔在好几个场合都欣然承认，这个词有太多语意和文化关联（其历史至少可以追溯到100多年前，并且在过去的20多年间在艺术界和文学界广为流传）。然而，利奥塔试图运用这个名词，从战略的角度对当时欧美的社会、文化和政治时事的讨论进行干预。在很多方面，利奥塔都后悔这个决定，因为这个名词随后成了他不朽的"遗产"——总是与他的名字连在一起，通常被视为他总体哲学的缩写。尽管它确实是利奥塔遗产的一部分，却与他真正的思想和论述没有太大关系。

《后现代状况》于1979年以法语发表（5年后被翻译成英语）。这本书尽管简短，却是利奥塔最著名的一部作品。他自己并不认为这本书特别地重要（他其实更将其看成是当时他思想走向的初步概述，而不是严谨的论述）——他也没有料到此书影响如此深远。利奥塔继而花了好几年的时间，通过一系列的文章和讲座去强调此书引起的对于他论点的顽固的歪曲和误解（尤其是文学研究、媒体研究和文化分析中的误用）。《后现代状况》的一部分意义和成功在于，它赋予了"后现代"这个词它之前缺乏的流通性和宣传度（歪曲除外），将其置于学术和文化讨论的前沿。在详细探讨利奥塔的后现代观点之前，我们得先研究几个容易混淆的问题以及对这个名词的几种理解，这些理解稍微有些联系而互相对立，对这个名词的众说纷纭使得它的含义在之前的几十年更加模糊不清。首先，书名本身就是个难题。它包括了两个关键名词。"后现代"本身就包括了已经存在的名词"现代"。后者一般指代了"现代性"（被看作社会、政治和经济变革的演替，代表了15世纪之后的西方，它加速加深了18世纪的欧洲启蒙运动和之后工业革命的到来）或"现代主义"（审美的涵盖性术语，用来描述各种不同的艺术或文化对现代性影响的回应）。而"后"（post）一词按照我们惯常的理解意为跟随什么之"后"的（时间顺序），因而继承了现代（以上两种指代皆适用），或者反对它的"反"（与之相反）。"后现代"这个复合词在学术圈（普通人往往觉得很困惑）经常被理解为现代主义或现代性（前者是后者的必要条件）的转化或回应，作为任何一个的强化或反驳（无论整体还是部分），可褒可贬。我们现在来审视一下"状况"（condition）这个往往被忽略的部分，它的普遍用法有两个：指代事物现存的状态（如书的副标题所示），或者去影响或使什么成为可能的事物，比如当我们说"Y的条件是X"时。我们可以看出，利奥塔对这个名词的用法与这些定义相比更隐晦，正如他所述，后现代不可以被简化为一种年代的演进或者它表面的效果。确实，他的观点并不是去简化这些问题，而是使我们对它的理解变得更复杂。[1]

接下来值得考虑的问题也与这个名词相关，是它更常见的形式，往往带着一个后缀：后现代主义（postmodernism）。我们要注意的是，大多数的评论家或理论家并不常说后现代，而是说后现代主义。值得注意的是，利奥塔很少在他自己的写作中用到这个词，当他为数不多地使用这个词的时候，也是引用与之相关的其他人的思想。相反，他几乎总是使用"后现代"这个词，其原因接下来会阐明。相似地，他很少使用"现代主义"这个词，而通常更倾向于用"现代"。

在探讨利奥塔的观点之前，我们有必要审视一下在后现代主义旗号下的几类观点。除了在大众媒体中泛滥的平民主义的后现代主义观念（对于怪异荒谬的，无穷尽的小圈子里的笑话，或者"一切都是相对的"这种言论的包罗万象的说法）之外，理论家、评论家、文化评论者提出了形形色色的版本，力图在思想界博得认同。他们当中比较有名的贡献者包括查尔斯·詹克斯、罗伯特·文丘里、肯尼思·弗兰普顿、威廉·斯帕诺斯、弗雷德里克·詹姆逊、哈尔·福斯特、琳达·哈琴、查尔斯·阿尔铁里、安德烈亚斯·胡伊森、理查德·罗蒂、布莱恩·麦克海尔、佩里·安德森、让·鲍德里亚、亚历克斯·卡利尼科斯和齐格蒙特·鲍曼。20世纪

---

1. 一种反复针对《后现代状况》的批判声称，利奥塔天真地陷入了构建他自己关于"元叙事衰落"的元叙事的陷阱。利奥塔将元叙事定义为，为了带来一个设想中的乌托邦或者抱有某种目的的结果而组织其他的叙事，鉴于这个定义，可见这个批判是无效的，因为利奥塔并没有针对任何的结果来断定元叙事的衰落。实际上，利奥塔方法的核心就是不去预设这样的结局。——原文注

30年后，他们的阵容可以组成一个军团了。甚至教皇约翰·保罗二世也在20世纪90年代后期加入了讨论，提出了一个关于后现代主义的通喻。

尽管这些人物都提出并推崇某个版本的后现代主义，有两个可识别的特性，描绘甚至界定了这些人各自的观点。第一个是可辨别的和示范性的后现代主义特征或特性的"一览表"，将其与一个或多个艺术媒体或文化形式相关联，通常从风格技术和手段的角度出发，偶尔也包括概念特性的角度，它们包括但不限于：嵌套式结构（mise en abyme）、自我反思、元小说、折中主义、"主导性"文化、新装饰、文体混杂、再生循环利用、多媒体实践、主体的去中心化、推崇风格胜于内容、高雅文化与低俗文化界限的模糊、模仿作品、历史性的丧失以及模拟。因而在学术圈后现代日益与艺术原创性、真实性和艺术对象的独特性这些现代主义观念的"死亡"相关。一方面，是一种创意和文化的枯竭感（甚至是西方政治力量衰微的标志，暗示了虚无主义的窜起和兴盛）；另一方面，是一种与没完没了的互相厮杀的公共辩论引起的疲劳相连的感觉，如同艺术名誉和学术生涯被建立又推翻。

第二个特性我已经提到过了，它将后现代主义明显视为一种历史分期——从一个时期、时代或阶段到另一个活动（即按照时间或者因果顺序，对现代主义或现代性的继承或否认）。实际上，这是《后现代状况》面临的最顽固棘手的误读问题：评论家们误认为利奥塔对后现代这一概念的使用是从历史分期的角度出发的。利奥塔花了很多时间、精力在一系列的文章中反驳这一误解（实际上《向儿童解释的后现代》一书中一半的文章都是用来澄清他的观点，反驳诸多误解和批判的）。理论讨论中使用的"主义"这一后缀经常会让人联想到历史分期和进化，利奥塔去掉了"主义"这一尾巴，显然是要避免别人往这方面引申。不幸的是，多数利奥塔的评论家似乎并没注意到这一点。

然而，我们应该认识到，这种错误的印象可能在某种程度上（如果是不经意的话）是利奥塔自身造成的，归因于他在《后现代状况》的引言和前几页里的措辞（要记得的是，利奥塔从未料到这本书会广受好评）。他陈述说，"这本书的研究对象是最发达社会里的知识状况。我想用后现代一词来描述这种状况（PC xxiii）"。再之后他补充说："我会用现代一词来指代参照元话语（metadiscourse）来为自己立法的科学……制造出宏大叙述的感染力……简化到极致，我将后现代定义为对元叙事的怀疑（PC xxxiii–xxxiv）。"利奥塔在正文的开篇说道："我们研究的假设是，当社会进入我们所谓的后工业时代，文化进入*所谓的后现代时代*，知识的状态也被改变了"（斜体字以示强调，为作者所加；PC 3）。

这三个相互关联的论点确实营造了这样的印象：利奥塔所说的后现代以某种方式关联到或涉及了西方国家新近发生的社会经济转型。然而继续读完本书之后，我们会慢慢发现（此书的英文版里加进去了他在1982年写的一篇文章，作为附录，这一文章更强化了这种感觉），他并不是说，这就是定义、开创和限制后现代的东西。显而易见，后现代与这种历史性变革相关，但是不能简化为这种变革。换句话说，对元叙事或权威言论的怀疑是后现代的一个标志，这对于当代或"后工业"社会来说并不稀奇——这些仅仅标志着这样一种历史关头，它的影响或"存在"是广泛可见的，或许甚至自成一体。这可不单单是咬文嚼字，因为利奥塔试图提出一个尚不明晰的重要问题，也是他在其后作品里不厌其烦重申的一点：现代和后现代是紧密关联的形态，而不是历史时期，因而后工业"时代"和其之前的时代都留有现代和后现代思维与存在方式的痕迹。

我们现在转向《后现代状况》的正文，它的开篇是关于知识的一些一般性意见。此书写于30多年前，可见当时就颇具真知灼见，尽管当时读来更像是科学小说。实质上利奥塔宣称，知识在"计算机化的社会"中越来越被当成商品对待，一种可以买卖的东西，与基本的社会或人类需求脱节，或对这些需求无动于衷。在这里，利奥塔并没有如后文般明述，而是暗示，人们以可被转化或交换为"信息"的能力来看待知识，一种看似中性的数据形式（电脑的"比特"），它可以在无数的沟通平台转移（并逐渐成为资本主义的新"货币"）。从实践的角度讲，计算机化和通信的发展加速了这种情况的发生，因为这二者的发展"正在改变我们对知识习得、分类、获取和利用的方式"（PC 4）。另外，显而易见的是，得益于语言、沟通、控制论和远程信息处理的研究，我们越来越关注快速编码和解码的模型（PC 3-4）。

另外，对于利奥塔来说，当今社会的知识不仅是众多商品中的一种，还可能是民族国家竞争并希望控制其分布的重大资源（快速减少的石油和黄金）。然而不幸的是，大多数现代国家的经济不再能跟得上研究探索所需的投资程度，而这些投资探索维持着以知识为驱动力的经济。因而国家将主权拱手让给了有实力的跨国企业，但是跨国企业对国家的选民（甚至它们的股东）没有伦理上的义务，更别说普遍的人道了。在这种国际状况下，研究的道德操守让位给了利益的追求（比如，人类基因工程使得私企为诸多可治愈疾病相关的具体基因数据申请了专利）。

这引发了诸多问题：什么样的知识才算是正当的？如何评估不同种类的知识？这种情况是怎么出现的？为什么出现？利奥塔的统一答案是这样的：知识不断改变的状态、形式、价值和角色并不是与科技本身相连的，科技仅仅是发生的症状而非原因，与之相连的是西方审视自身和自己在世界上地位的方式的改变；简而言之，改变的是作为整体的西方用故事如何讲述自己，如何向自己讲述，以此来理解其自身的存在是什么，为什么存在，怎么存在，同时为这种存在正名。

利奥塔从这里开始重新介绍和论述他早期关于叙事及其社会角色的"异教"理论。他认为，所有的社会都植根于这样的故事里，即他们是谁，为什么存在，他们从哪里来，谁被包括或排除在外。在传统社会，这些故事在形式和表现上基本是神秘和口头的（尽管其中的一些观念也适用于早期文学文化），故事结构里的叙述者和接收者知道自己的地位，实际上，故事界定并授予了他们在故事结构和讲述的故事中各自的（通常是固定的）地位。

讲述这样的故事提供、重复也增强了关于社会是如何形成的普遍的观点，通过理解当下，结合关于过去的固定的观念，承认现状的合理，因而使得人们继续维持现状。

这就是为什么口头的社会一般拒绝巨变，除非这样的改变是偶然的。从本质上来说，他们通过叙事审视自我，他们迷恋过去，不管这过去是真实的还是想象中的，然后为他们传统的社会结构（以及伴随而来的世界观）正名。然而随着时间的推移，这些故事被利奥塔所称的"元叙事"消化吸收、重新整理、有时甚至缄口不提了。尽管它在形式上很大，却不能用大小和规模来界定。它们并不单单是"更大的故事"，而是不同的结构，推崇和批判利奥塔的人往往都搞错了这一点。元叙事并不炮制出千篇一律（通常是循环的，自我肯定的）的观点，而是将它吸收的一切转向更具体的终极目的或目标，这个目标同时巩固了元叙事的活动和它的正当性。换句话说，它们根据一个预想的未来或终点来审视和组织现在。确实，从某种程度上说，这些结构类似于利奥塔在五年前描述的虚无主义式的"超然的"或戏剧的设置。

史上已有无数这种元叙事在发挥作用，有时它们经历多种变革，或者结合，或者协同运作。实际上，在当今社会仍有多种这样的元叙事在争夺大众的注意力，尽管不同于过去的是，现在没有任何一种元叙事是占据独霸地位的。在西方历史中最长久也是影响力最大的元叙事就是基督教，它经历了无数的演变，产生了一系列的分支，有些甚至是无从辨认的。更具体地说，它已经侵吞了欧洲的很多小叙事（曾经的"异教节日"转变成了圣诞节就是明显的一例）。这个结构（以及它承诺乌托邦是可以实现的）以转移的方式流传至今，几乎渗透了之后所有的塑造了西方的元叙事，也就是说它们各自具体的语言和指令看似不同，但结构和目标如出一辙。

利奥塔认为，当今多数历史学家和社会学家所称的
"现代"，它肇始于从封建主义到资本主义、文化复兴和
"个人"的人文观念的转化，实证科学的开始（以我们现在
可以辨识的方式），它标志着基督教元叙事的形式和地位的
根本性突变，开始一致地重塑了西方审视自我的方式。尤
其是18世纪的欧洲启蒙运动，标志着这种状况下一种新的
乌托邦式元叙事浮出水面，它的特征在于两个独特而紧密
联系的思路或形式，一方面与法国哲学相关；另一方面与
德国理想主义相关。这些元叙事被利奥塔不无讽刺地称为
"宏大"叙事，它们塑造了西方社会，要么通过推测性叙
事（对绝对知识的追求），要么通过解放（共同努力，消灭
剥削、物质和迷信），有时是二者兼有。两种思路都接受
"进步"的观念，一种通往人类福祉和实现的活动（主人翁
般的身份，自我实现的精神），因而也是所有事物的巅峰和
准绳。从历史的角度来说，这些元叙事酝酿了更深的转变，
比如马克思主义和自由主义，它们推测性和解放的目标以
不同的名目被重塑——分别为经济决定论和个人自主权（非
异化的劳动力和自我实现）。

然而，20世纪让我们亲眼见证了这些元叙事明显的坍
塌，它们无法履行它们普世和乌托邦式的承诺：德国纳粹
的极权主义、意大利和西班牙的法西斯、20世纪30年代的
经济大萧条、两次世界大战以及相继的冷战，这些都激起
了对元叙事所强调的普世主义（均质化的"一刀切"精神）
越来越深的怀疑。在《向儿童解释的后现代》接下来的文
章中，利奥塔对这个一览表做了补充，加进去了其他的影

响因素，比如纳粹大屠杀、污染和环境恶化以及核毁灭的威胁。我们还可以在此之上继续补充：优生学、化学和病毒战争、种族清洗、笨拙利己的官僚主义的扩大、全景敞视监控、技术官僚霸权的巩固、大规模社会工程的失败，以及未发展国家持续和普遍的贫穷、战争、饥荒、疾病以及经济剥削的情况。

鉴于这些失败，利奥塔将西方社会看成是20世纪后半叶普遍的对"元叙事的怀疑"（PC xxiv），这种对现代性元叙事的论言和预测可信度的降低，导致了无数小叙事的繁生，利奥塔称之为"语言游戏"。这个术语大概是利奥塔从路德维希•维特根斯坦那里借来的，用来形容人们现在互动的领域和模式的多样性。尽管它们在形式上仍旧是叙事，但是与无文字社会的叙事相比，它们的结构不再那么稳定或统一，它们的叙事角色也不再那么固定（因为叙述者、接收者或被叙述的可以转换角色）。实际上，因为构成当代社会的专业知识、兴趣和知识类型增加了，它们可能互相重合，甚至包含其他的子游戏。

利奥塔将这些故事称为"游戏"，是因为它们由话语的"步法"（move，指言语、行动和反应）组成，这些话语的步法受不言自明的约束规则的限制，选手-参与者之间一致约定通常什么是被允许的，什么才可称为成功或获胜的步法或策略。更重要的是，它们像游戏一样，参与者是有"赌注"的（为了获得资源，或对结果的控制），其中带有互相较量的策略和灵活的操纵（遵循竞争原则［比如抗争］，每个人都试图胜过他人）。然而这种游戏并不需要有对手直接竞争——在某种程度上来说，他们有时可以与自己较量，因为他们可以尝试超越他们之前的步法或"胜场"，来取得最佳的成绩。

利奥塔观点的核心在于，这些多种多样的游戏可能有所重合，或互相竞争以求在某一领域或专业占据主导，它们组成了社会结构或社会纽带的纤维（其中参与者的主体性本身就是他们参与的游戏的策略或结果的副产品）。基于同样的原因，资本主义对于残留的传统和习俗的纯粹的实用主义和工具主义的态度促进了这一过程，多样性游戏内部和之间的竞争使得这一结构愈加趋向内部的碎片化。然而从利奥塔的角度看，这种碎片化并不机械地就是破坏性的，因为利奥塔认为它也促进了权利潜在的分散，挑战了既有知识所"给定的"东西。

我们不必纠结于利奥塔的这些论述的细节。我们仅仅要认识到，这些细节为他接下来的论点提供了基础，因为现代性的元叙事日益面对社会上和政治上的诘问的浪潮，不得不为其他更小的故事腾出地盘，因而这种碎片化和分散使得科学（最初叫作"自然"科学，但逐渐被称为社会科学）统统转化阵营，继而经历了重大的转变。本质上来说，商业和技术科学逐渐靠拢的兴趣（即，科学的追求和实践逐渐与以工业和电子形式应用的知识直接相连），导致了这样的情况：进步或解放的元叙事、共同的社会"公益"或历史的不可避免性，这些观念的引人之处不再是为自身的努力正名和打基础的必要条件了。

利奥塔认为，今日的科学成了一种语言游戏，它协调促进了其他语言游戏（具体的学科或事业领域）的合法地位，它们内在相互关联，遵循一种可识别的方法，它基于特定的可证实的，推导得出的论点。科学在18世纪到20世纪中期让元叙事如日中天，它的地位下降使得它不得不从别处寻找正当性的基础，一种不再单一，不再诉求于超然的基础。利奥塔认为，科学通过三种独特而相互关联的策略来维系自身：i）只推崇或看中一种类型的话语构成，将其置于其他所有之上：外延式（denotative）论述（即客观的、可证实的论点，"X是对的"或"X是不对的"）；ii）声称自己独立于叙事或优于叙事，科学将叙事斥为不正当或没有根据的观点（当科学出于经济或教学目的，需要向其他学科或社会解释自身的时候，它同时也不断制造叙事，比如"宇宙大爆炸"的故事、进化论、数学发展史、同位素衰变的故事等）；iii）最重要的一点是，使自己建立在"效能性"（performativity）或语用学原则的基础上（即关于什么是"奏效的"，并提供可辨识的结果）。针对最有效率、效果最好及最优化的特定技术——科学目标的实现，一种效能的新标准建立起来，取代了盛行的科学的元叙事。

导致这一情况的直接原因是，科学和科学家以及学术界整体越来越依赖国家机构（包括大学）和私营公司提供的资金，而这些国家机构和私企要求在可预见的长远期间，产生实用的盈利成果。因而科学研究，哪怕是最抽象的理论研究，也通过工业化、计算机化和其衍生出的技术，也就是利奥塔统称的"发展"（或系统），自私自利见利忘义地投身于资本主义商业化，为其添砖加瓦。每种科学事业都不得不提供某种切实的经济产出（无论它的社会实用性是否显著），因此它如其他的资本主义商业一样，受基本的投资回报方程式的支配，体现了"经济理性主义者"热烈推崇的公理：以最小的投入产生最大的收益。因而，效率、优化和创新成了引导资金、资源和评估的口令，因为预期的（即使长期被延迟）盈利成果凌驾于任何实际的人的需求之上。这样一来，效能性就统领整合了资本家（和消费者）互动的总体网络，因而一切都以"工具"的方式简化成了经济效果。

这种日渐渗透进社会的效能标准强调了成果的优化和生产力的加速，通过对知识、技术和资源的有效（或者最少的）应用，对时间密集型的活动，也就是那些不能直接盈利，或不能马上进入商品化和消费过程的活动，进行缩略、边缘化，甚至淘汰。与这一过程并行的，是对计算机化的看重，因为将知识转译成二进制代码能促进这种优化的过程。相反地，任何无法马上用到这种过程中的经验形式都被看成是没有价值的，并通过一种概念性的"社会达尔文主义"被逐渐剔除。与之不符的就可能隐含着威胁，这种威胁包含了"某种程度的恐怖行为，无论是轻微的还是严重的：要么有用（即，符合同一标准的），要么消失"（PC xxiv）。

利奥塔所描述的讲求效能性和效率的情况似乎展现了一种可怕无情的悲观前景，看似非人性化甚至是奴隶制的，显露了海德格尔构架（Gestell）的观念。尽管如此，他认为，其实未来并非如乍眼看去的那么黯淡无望。对于元叙事的怀疑不看好的态度使得科学进入资本主义的怀抱，随之而来的是科学"社区"的碎片化，因为它与特定的技术科学目标相连，同时也扩大了科学的怀疑和实验能力，产生了新的可能性。从原则上讲，科学并没有义务忠于任何知识的共识或社会现状（除了它的资金提供部门），因而断裂了任何新的社会、经济与政治整体性的产生。同时，科学不再能影响统领一切的元叙事，无法再控制元叙事该包含什么又该排除什么。科学的学科与话语界限开始有越来越多的孔洞出现，对互相较量的范式、边缘的努力活动和战略性的实验愈加包容。激进的怀疑主义与互相较量的语言游戏的繁生，是20世纪后半期科学与社会的一大标志。鉴于以上这些改变，它们开始在这些研究领域的裂痕周围为其他的可能性腾出了空间——它们提供了促进调查的动力。正是从这些裂缝中滋生了越来越多的抵抗和矛盾，挑战了占据主导地位的范式。量子论、突变论、混沌理论、分形、概率论和非线性系统，这些概念的出现都体现了这些改变，并促成了变革的发生。利奥塔认为，我们继而看到了一种异识和不稳定过程的出现，影响了大多数的当代科学研究，它提出了一种开放式的"正当性模型，与最大化效能无关，而是以差异为基础，可被理解为悖理逻辑（paralogy）"（PC 60）。它营造了这样一种情境，从概念术语的角度来讲，一切都可自由获得。这种悖理逻辑的"后现代"科学（对矛盾的研究，或者从哲学的角度讲，对"错误思考"的研究）从传统主流科学的夹缝里冒出来，它在科学乃至知识的语言游戏中，追求出乎意料的或"坏的"步法。同时那些组织了特定科学领域，也组织了该领域与其学科和其他知识关系的"规范"和规则，被这种悖理逻辑动摇了。这些活动并不是创新性的（指在游戏既有的规则和参数内，更好、更精简或更有效的步法），而是颠覆性的，挑战游戏规则，重新定义其界限、目标和正当性：目的不是为了修改游戏，而是彻底转化它。正是这些突破性的步法、疑问和怀疑的精神，使得它们向既有的规则和思想范式宣战，因而也表明它们配得上"后现代"的称号。

鉴于以上这些，《后现代状况》可能最不寻常的一点便是它几乎从未直接提及艺术。而它所论述的一切都对艺术有深远的意义，因为它为利奥塔接下来的分析提供了基本的坐标系——就是说，后现代是彻底的疑问或怀疑态度，而这反过来又引发了出乎意料的"步法"或"悖理逻辑"。为了讨论这些思想以及它们具体对艺术的意义，我们现在转向《对"何为后现代主义？"这一问题的回答》，这篇文章收录在《后现代状况》英文译本的附录中，是在法语原文面世的三年后写成的。[2]

这是比早期作品更加公开的一篇檄文。利奥塔下了战书，挑战、谴责那些试图废弃或冲淡先锋艺术的丰功伟绩及其对正统的不懈挑战的人。实际上，利奥塔在这篇文章的开篇就谴责这样一帮人，他们要求艺术家和艺术告别传说中的精英和蒙昧实验主义，转而成为社会团结的附庸。利奥塔将矛头特意指向尤尔根·哈贝马斯，这个他在《后现代状况》中也批判了的人。利奥塔把他当成了这帮人中的代表人物，他就是这种要求现代性未竟的解放事业（以及元叙事）进行更新或恢复原状的人。

哈贝马斯在1980年的讲座和翌年出版的《现代性与后现代性》（以及1983年的更出名的《现代性：尚未完成之

2.注意文章标题这个有些误导性的翻译。原文的标题指的是"后现代"，而非后现代主义。还好这在《向儿童解释的后现代》中更改过来了。——原文注

工程》）中，对非理性主义和犬儒主义的庆祝进行了批判，认为这二者席卷了西方社会，尽管没有指名道姓，但他显然认为这是利奥塔的标签性工作。哈贝马斯的思想基于他早期对沟通和社会理论的研究，他认为，19世纪知识与劳动力的日益细分，以及现代官僚制以工具的角度看待理性这一逐渐占主导地位的观点，使得现代社会支离破碎，社会和经济的异化日益严重，切断了社会纽带，而普通人则受各种"专家"的摆布。他认为相对的普遍性原则和启蒙运动的价值观（清晰、理性、宽容、透明度或轮流发言）于今依旧适用，只有基于它们的有效沟通交流才能让社会共同面对问题，产生共识，克服愚昧、剥削和不平等的问题。对于艺术而言，这个问题尤其敏感。先锋派肇始于20世纪初，旨在通过挑战日益单一室闷的资产阶级世界观来缓和这一情况，提供了探索政治改革，克服异化、不平等和压迫的社会可能性的多种手段。然而，先锋派活动范围宽泛，散见于各处，此类作品变得越来越晦涩，使人难以问津，并成为社会的边缘，需依赖专家的解读和文化资本才能享受它们，结果加剧了其异化的问题。因而哈贝马斯认为，20世纪后半期的艺术从政治乌托邦的愿望中打道回府，转而进入一种新保守主义，接受自身的异化。哈贝马斯宣称，艺术应当以可行的方式，继续致力于探索彻底的、乌托邦的政治活动和变革的可能性，并通过建立起新的社会共识，在困扰社会的裂口上建立起愈合的桥梁。

毫不意外，利奥塔反对这种对共识或统一的呼吁，他认为这是当代文化最糟糕和最具毁灭性的治标不治本的行为。现代性和资本主义已经颠覆了传统的社会纽带，并让熟悉的事物、经验和机构逐渐变得"不现实",因而现实的问题层出不穷。利奥塔认为呼吁简单的补救措施或改善,这本身就是他们试图克服的问题的关键部分。因而启蒙运动的努力不仅不完整,而且不连贯。元叙事承诺解放被剥夺权利的人,完善历史或普遍的主体,这再也站不住脚了。相似地,利奥塔对这种回归秩序、真理、现实、根基、团结和身份的不同要求持怀疑态度,他认为这些是在共同抑制和清算先锋派的实验性遗产。相反地,这些要求,以及呼吁艺术家和作家为困扰当代生存的焦虑对症下药,标志了社会重建或社会重整的幻想的残余,因为资本主义和现代性,它已经日益过时了。然而,利奥塔坚持说,这并不代表说艺术已经不再扮演任何角色了。实际上,在这场危机中,传统的社会、政治和美学的泊位已经被打破,没有什么是理所当然的了。产生于这场危机的先锋派因而处于了优势地位,可以去质疑、揭露甚至调和这种状况。

在这里,利奥塔转向了《话语,形象》中的观念,这些观念在他之后的文章《再现,呈现,不可呈现的》里进一步发展,这篇文章在本书第三章提过。他认为,摄影和电影分别取代了绘画和文学,成为了主导的文化形式,不仅仅是因为它们完成了"15世纪要求的对可见之物进行组合"的任务,以及社会经验的完整的测绘(或侵吞),同时也因为它们依附并促进了一种普遍的"现实主义",它们能够以"更好,更快和大十万倍的流通量"实现现实主义的基本任务:"保留不同的意识免受质疑"(PC 74)。摄影和电影能够更有效也更有效率地在基于共识的现实里维持共有的沟通和信仰带来的慰藉人心的幻想,因为它们更能"稳固所指对象，以能赋予所指对象可辨识意义的角度来安排所指对象，能够产生让信息接收者更快地解读图像和段落的语法和特殊词汇，继而使他们更轻易地意识到自己的身份，并能从他人那里得到认可"（PC 74）。摄影和电影无所不在，因而是维持当代社会结构的高效手段，它们促进了不同个体和群体欲望的流通和被重视，并为其正名（如果需要这个论点的证据，我们只要看看广告或公关就能看到它的运作了）。

我们应该意识到，利奥塔这里所说的"现实"并非某种所谓客观的经验基础（世界赤裸的物质性），而是关乎"不言说的"而由普遍的守则公约塑造的世界里我们共享的价值和意义。简而言之，它是对共享公认的现实进行的意识形态的或幻影般的构建或配置，因而它的形式与具体的再现守则惯例因不同的时代或文化而异。让我们回归到第一章提到的关于古埃及艺术的例子，在古埃及艺术中的人物都是"侧身"的，对于当代的观看者而言似乎很不现实，然而却组成了当时环境中的可辨识的再现流通形式，即"现实主义"，因为它的形式在象征意义上崇尚于一些具体的含义和价值，它们关于社会地位、神话起源、政治权威和我们已经不再共有的灵性活动。相反地，我们今日认为是现实的占据主导的再现和习俗，对于穿越到现代的古埃及人来说反而并不现实。

利奥塔关于"现实"的核心观点是，客观性远没有共同准备（无论是否意识到）去接受某种真实或现实或有效的事物那么重要。甚至"回应理论"（即，我们的所说所想只有在它准确反映我们的感知并且是可以认证的情况下才是真实或现实的）的吸引力都是不断被审视的，因而它一方面受损于不同概念的、语意的和符号的转化的跌宕；另一方面受到多种多样个人的、社会的、政治和文化的压力。这样的社会现实（是我们理解自身和世界的主要方式）总是相对于我们自身向主导文化再现形式的服从程度而言的。

然而，代表了现代性和资本主义的不同力量，在这样合一的社会框架的切实可行、严丝合缝的构建和维持上施加了大量压力（从利奥塔在《后现代状况》中关于语言游戏的部分可以看出）——实际上，它总是面临着被当成公认的虚构形式而被揭露的危险。"现实"的不现实的威胁构成了当代社会一直试图否认的危机，它体现了绘画与文学面临的特殊问题，甚于它们在当代最新科技形式的蚕食下面临的过时的问题（实际上，是针对所有自称"艺术"的媒体和艺术作品的问题）：就是说，它们自身的边缘化引起了它们对（物质上和意识形态上）支持自身的"主导"现实的质疑。正如描述经验的不同方面和层次的传统做法一样，绘画与文学不得不面临自己一样诱惑欺骗社会的问题，并一直在两条路之间选择，要么一路走下去（作为现存的"文化产业"的一部分——大众媒体和其使用的科技——对于什么是现实和如何稳妥地呈现现实，有一套期望或决定性的规则判断，文化产业促进与规定了对这些期望、规则和判断的服从）要么拒绝、甚至挑战它的目标和需求。从个体上选择第一条道路，对于制造文化作品的人而言是种奖励，同时剥离了这些作品的任何关键性意义（以免威胁到它们的市场化）。第二条道路毫不意外地导致了社会与经济更深的边缘化。然而第二条道路卸下了艺术家和当代艺术需要取悦、安抚和安慰观众的责任，或是要符合大众品位或承担某种责任。因而，他们可以自由地探索和解构这种"现实"的产物，从原则上来讲无所畏惧，无须讨好，对维系它的公认的规则、守则和惯例进行持续无情的质疑。用《后现代状况》里的语言来说，艺术家们进行一系列的挑战和转化的"坏的"步法，他们逾越了惯例与共识的需求：

> 当塞尚挥起画笔之时，绘画的赌注就受到质疑；当勋伯格坐在钢琴前之时，音乐的赌注也同样受到质疑；当乔伊斯执笔时，文学也受到质疑。不单单是因为试尽了"获胜的"新奇策略，而是"获胜"的本质在经受质疑。(DIFF 139)

面对这些挑战，先锋派诞生的现代美学问题已经"不再是'什么是美的？'，而是'什么可以被称作是艺术（和文学）？'"——在上一章里我们可以看出，这个问题更符合崇高这种模棱两可的焦虑感，它的产生是因为想象力不能"呈现一个原则上无法找到对应概念的物体"（PC 78）。当崇高的体验来临时，我们有种什么东西超越或颠覆了人类知识和经验极限的想法，而我们同时缺少"举例说明的能力"去呈现一个合理的对应物，因此它没有赋予"关于现实的任何知识"。另外，它阻止了"产生美感的官能之间的自由联合，（因而阻止了）品位的形成和稳定"（PC 78）。

利奥塔认为，18世纪末期艺术家和哲学家对崇高的浓厚兴趣（还有20世纪初以后）是对于一种强烈焦虑感的重要回应。这种焦虑源自现代性对它日益面临的不现实的否定，它同时也削弱了这种否定。从这个程度上来讲，崇高，尤其是经伯克和康德理论化的崇高，涉及了尼采关于虚无主义的叙述，是意义稳定性的破坏和支离破碎，它产生于西方文化里现实的"缺乏现实"意识。实际上，最近先锋派的出现及其对"不可呈现之物"的持续探索本身就是虚无主义的一种征兆（因为它扩展了怀疑的腐蚀过程）。但是，先锋派通过多种多样的扫地式的探索活动来挑战感知和知识的极限，提供了参与和调节这一状况的重要手段。另外，利奥塔认为（这也代表了利奥塔当时已经远离了力比多观点和早期与尼采的关联性），崇高概念的形而上学负担比其虚无主义的负担更轻松一些，因为它的关注点主要倾向于去审视这种现实中"缺乏现实"的体验，以及标志了现代性的去现实化，而不是它所衍生的社会和伦理的降格。

先锋派拒绝主流的需求，拒绝提供关于"真实"的保证，它陷入了（不管它是否意识到）呈现"不可呈现之物是存在的"的漩涡，因而陷入了"让某种可被构想但看不见也没法看见的事物"被看见的漩涡。进而，它只有一条路可走：通过暗指和间接。康德已经指明了这条道路，他坚持认为，"无形"和"抽象"提供了不可呈现之物的一种"消极呈现"，在寻求它的力量的同时对它的神秘保持敬畏。对于先锋派绘画而言（以及其他的实验性艺术，包括文学和戏剧），它"呈现"了某物，但是是消极地呈现；它因此避免了喻形或再现……它通过使其不可见，来使我们看见；它只能通过给人以痛苦，来给人以快感"（PC 78）。

正是在这种隐含于现代性里的去现实化的加深和从现实中抽离的背景下，我们最终得以定义先锋与现代和后现代的关系。但不是通常意义上的后现代，后现代通常被认为是一种普遍的风格和技术的后现代折中主义（electicism），以及选择适合消费的商品的自恋式的自由。利奥塔将这种后现代斥为先锋派任务的对立，是资本主义市场的"现实主义"。这种折中主义是"当代普通文化的零度：人们听着雷鬼音乐，看着西部片，吃着麦当劳午餐……这种"无可无不可"（anything goes）的现实主义实际上是金钱的现实主义；在缺乏审美标准的情况下，根据艺术品实现的利润来评估其价值还是可行好用的。这种现实主义包容了所有的倾向……"（PC 76）。相反，对于利奥塔来说，现代和后现代实际上是崇高遇到现代性的不同模式，取决于重点在哪儿。对于崇高来说，重点在于让可呈现之物与可认识之物相匹配的痛苦失败，以及随之而来的无力感、不足感和悲痛感；对于现代而言，重点在于令人愉悦的蓬勃朝气和惊喜，激发我们去探索或创造新的游戏"步法"和规则。前者标志了现代，后者标志了后现代。前者拼命抓住一种即将消失的或难以琢磨的"现实"的残余，而后者欣然舍弃它。前者在某种程度上相信时空的结合（或者某种先验的自然）能够提供一种堡垒或防御，抵抗意义与确信的丧失，而后者不再关注这些。

利奥塔对比马塞尔·普鲁斯特和詹姆斯·乔伊斯的主要著作来作为示例。普鲁斯特的 *A la recherche du temps perdu*（通常翻译为《追忆似水年华》，但是更准确的翻译是《追寻逝去的时光》），它讲述了在短暂尘世不可避免又一往无回的失去，尽管马歇尔（他的人生）这个叙述者和循环叙述的方式（马歇尔的历程使得我们读到了他"写"的书）之间合二为一，不断重新整合这些事件和回忆。因此，作品的形式提供了一种相对连贯的假性的整体性，它貌似并不对描写中隐含的碎片和分散的东西负责，并且在叙述和再现以传统的方式展开的同时，仍旧在寻找基本的时空坐标，试图调和那些作品内在的某些意义不明的东西（PC 80）。

然而对于乔伊斯的作品来说，《尤利西斯》，尤其是《芬尼根守灵夜》，所有的既定规则和假设都被推翻，使得"在他的写作中不可呈现之物在意指中可被察觉得到"，并且"采用了所有可能的叙述类型和风格运用，*而不去管整体的一致*"（斜体字以示强调，为作者所加；PC 82）。崇高体验让自己屈服于它本来想要逃脱或克服的东西。这就是崇高体验与对未知的更大胆无羁的接受之间的差异：

> （因为）现代美学是崇高的美学，尽管它是怀旧的。它只许不可呈现之物以匮乏的内容的形式浮出水面，但是因为形式的可被辨认的一致性，它继续为读者或观看者提供慰藉和快感……（然而后现代是），现代的一部分，它在呈现里召唤那不可呈现的东西；它拒绝优美形式的慰藉和趣味的一致，这种一致使得公众共同缅怀那不可获得的东西；它寻求新的表现方式，目的不是从它们那里得到愉悦之感，而是产生更强烈的不可呈现之感（PC 81）。

另外，尽管这两种模式与崇高的不同方面相关联，它们"通常在同一作品中共存，几乎无法区分；它们见证了某种差异，思想的命运会在很长一段时间里依靠这种差异，即后悔与尝试之间的差异（PC 80）"。这让人想起利奥塔早期对弗洛伊德生死驱力的叙述，这两个相反的冲动力图争取在作品和欢迎程度上占据主导地位。然而，正是对这之前到来的东西进行无情质疑的后现代，提供了改变和更新的内在动力，不断地挑战现代使之超越其忧郁的惯性："一部作品只有首先是后现代的，才能成为现代的。后现代主义不应理解为穷途末路的现代主义，而是现代主义的新生阶段，而且这种状态是一再出现的。"

尽管现代和后现代艺术作品都通过暗指不能被察觉的，或通过强调不可呈现之物的存在，来试图挑战或质疑这种众口一致的"现实"，利奥塔认为，现代作品无论如何倾向于回归到"现实"的慰藉的怀抱，尽管方式是标新立异的。后现代主义作品中止、动摇甚至掏空了"现实"的观念。现代作品不同于此，它们往往试图模糊后者的界限，来超越然后支配这些它们面临的陌生的、隐藏的或不可调和的元素。实际上，这种侵吞的过程，以及学院派、"文化旅游业"和大众媒体对现代作品的驯化和僵化，使得现代作品提供了一种崭新的（更跟上时代步伐的）扩张的"现实主义"的支持，甚至是基础。相反地，后现代主义艺术家和作家为了抵抗这种侵吞和同化过程，被置于了类似哲学家的位置，因为其作品原则上来说并不是由已有的规则支配的，无法根据确定的判断标准来判断它，无法将熟悉的范畴应用到这一文本或作品上。这些规则和范畴正是艺术作品本身探寻的。因此，艺术家和作家在没有规则的情况下创作，目的是确立将要完成的作品的规则。（PC 81）

利奥塔在其结语里重述了他的观点，即艺术家并不需要提供或支持现实的幻象，或者安慰那些哀叹失去它的人——因为在这条路上有墨守成规施加给主体的威胁，19世纪和20世纪已经为此多次付出了代价——而是应该发明新的对"可构想但是不可呈现的东西的暗指"。

如果说《后现代状况》提供了利奥塔关于后现代和相关科学的理论基础，《对"何为后现代主义？"这一问题的回答》更具体地将后现代与艺术和崇高的美学联系在一起，那么利奥塔的《重写现代性》就是对他后现代理论和相关的更广泛的哲学议题进行的推理和反思。

利奥塔在1986年的一次演讲在翌年发表，这篇文章的标题已经表明了利奥塔《后现代状况》包括附录以及受其启发相继发表的多篇文章的主旨：重新研究我们对现代的理解。我们暂将"重写"一词的模糊之处搁置一边，利奥塔之后对这个词进行了探讨。我们应注意到，利奥塔并未将"后现代"以优于"现代"的方式用在标题里，他认为这样做可以分散对于前缀"后"最初造成的疑惑的注意力，同时仍旧探索和强调关于后现代和后现代与现代性关系的核心问题。另外，将"后"换为"重"写，是为了强调，瞬时性的观念依旧岌岌可危，即有某种关于现代性（在它以内）的东西正在发生，倘若不去重新审视和修改，问题就无法解决。总而言之，利奥塔认为，标题中两个语法和词汇上的改动，标志了一种"双重置换"（INH 24）——这是15年前《话语，形象》中对于"双重反转"的旧语重提。

更重要的是，从一种有"前"有"后"的历史分期的角度看待现代和后现代，具体地说，历史分期不能解释（甚至承认）"现在"的问题，在利奥塔看来，这种双重置换避免了很多这种角度引发的困难，因而模糊了年代史中假设的东西：就是说，本身的定位。利奥塔将此引申到一个长期的哲学问题上，最有名的一例即亚里士多德，他展示了在时间的流动中，相对于过去和将来，定义现在的困难。"现在"是无形的或不定的，因为当我们达到它之时，它要么未至，要么已逝。相似地，利奥塔认为，我们无法界定这种暂时的"现在"，构成了一种超余，其中我们对于所发生的理解，不是为时尚早就是为时晚矣（这一观点在利奥塔对纽曼画作的叙述中也显而易见）。他补充说，当我们以这种视角审视现代性（现代和后现代），就突出了从历史分期审视它们所导致的内在问题，结果就是，它们无法在更迭演替中被"确认和界定为范围明晰的历史实体"。从本质上来说，这种"前"与"后"的历史分期问题，忽略了人们合理谈论这些问题所处的时空（仿佛人们处于或超越于这种按时间顺序排列的过程）。

　　利奥塔认为，更复杂的是，后现代已经"暗含"或存在于现代性中了，因为现代性包括了一种内在的"超越自我变成非我的冲动或欲望"（INH 26），因而寻求一种终极的稳定状态。现代性试图逃离自我和过去，它表现为不满（或焦虑），同时也希望克服这种不满（调整为相应地对抗自身的状况，同时想逃离这种对抗）。从这个角度来看，"后现代性"有两个出路：要么作为现代性对本身的自我逃避和解放（后现代主义）的幻象的领悟，要么作为现代性潜在的欲望和自我神化（后现代）的拷问。我们在《后现代状况》和《对"何为后现代主义？"这一问题的回答》中可以看出，现代性已经涵盖了它所产生的现实中"缺乏现实"的多种回应：对于前者而言，它将后现代假定为一种对元叙事和现状的彻底质问的内在过程，而对于后者，它将现代呈现为协调这种缺乏的尝试，将后现代呈现为对现代性所构成的难题的接受。在这两种情况下，后现代是现代性的一种形态，从这个角度来看，利奥塔强调，现代性"从构成上，不断地孕育着后现代性"（INH 25）。

利奥塔在这里介绍了又一个关键点，在七年前的《公正游戏》中就多少提到，现代性和后现代相互叠加，它们不能再被视为直接对抗的关系了。相反地，与现代性相对的应该是"古典"。"古典"是一种思考和"存在"方式，它的特征在于一种神化般的时间观念，认为时间是有节奏和韵律的，它是循环的，抵抗线性的改变，时间或历史组成了完整无缺的活动或意义的统一体，以一种命中注定的方式首尾呼应。

现代性想要超越自我，它与古典不同，它痴迷于历史时期的划分（作为其努力和成败的凭证），并且执意为这些分期和过渡期标注出日期。它将时间看成整体分裂出的分离而持续的一段段，有始（开创了"新"的东西）有终（将时钟归零，开始了不同的新时代），也可被看成想要在更高层次上进行重整的碎片（作为元叙事）。从本质上来说，现代性反复试图如此重写其历史："基督教，笛卡尔派或雅各宾派都要做同一个事情，即标识出元年，一方面代表启示和救赎，另一方面代表重生和更新，或是再次革命和重获自由"（INH 25–26）。

为了回答这一问题，利奥塔强调了他标题里重写中的"重"的模糊之处。他这样做并不是为了强调回归到开端或开启革命或新时代，而是为了标志一种不同类型的重-写，其中现代性没有，也不能，在寻求重生或救赎中逃离自我。相反地，它不得不重-视，重-访和自我-清空，利奥塔称其为"后现代",尽管后者的特征在于不断拓宽界限,质疑我们的信仰和期望(以及潜在地重写指导我们思考或行为的规则),它与现代性内在相连,成为一种从内部干扰和挑战着现代性的"形象"。

在《重写现代性》中,利奥塔将这种重新审视的过程类比于修通(Durcharbeiten) 的精神分析概念。这一概念意为对某事隐藏或压抑方面的"修通"(working through)或"研究"(working over),这一术语来自弗洛伊德的一段关于精神分析技巧的简短而重要的文字。弗洛伊德在其文章《重复,回忆与修通》中,区分出治疗实践里与无意识过程相关的三种模式,正如文章标题中所示。第一种为重复,它体现了以"设置"(dispositif)的形式对无意识的欲望加以组织的神经官能症和精神失常的总体运作。在这种设置中,个体的存在是根据一种无意识的脚本进行的,他们无能为力又不可抑制地一遍遍重复着这个脚本。这种幻影般的情境保证了一种一切(精神上)皆已注定的命运,尽管病人试图(比如悲惨的俄狄浦斯)逃离这种结局(INH 26–27)。

然而在精神分析治疗中,病人被鼓励去通过回忆梦境和过去,找出他们一生都在遭受的压抑痛苦(他们不断重复的思想、行为和症状)的理由和动机,继而试图与构成了他们"无处可逃"的命运的自我摧毁式的循环模式决裂开来。然而试图去发现创伤的真正原因,并且相信这种原因是可被确认、修复和清除的,这本身就存在问题。因为回想想要的东西,正如侦探去确认"犯罪"的证据,去探寻原始动机或揭露真相,而这种探寻的欲望本身就是命运实现的一部分，或者说它深陷在命运的实现中。基本上，对于一个根源或基础的相信，一方面，也等于是相信了这个根源指令下的解脱的到来；另一方面，它使人与支配的幻影站在了同一队伍（在这种情况下，就是相信一个人经历的痛苦，存在着具体的原因和治愈的方法）。然而，通过指出过去的缺陷来逃离过去并不保证让人不犯旧错，而这个陷阱远超过分析师能触及的范围，正如利奥塔用尼采所解释的。尼采试图让我们从形而上学中解脱出来，同时展示这些提供了根源或基础的论点是虚幻的，最终他也陷入了这一陷阱。尼采揭露了西方文化的形而上学基础，他也"禁不住"为自己的哲学树立基本原则，即"权力意志"（will to power），因而他也重申了他试图避免的形而上学原则（INH 28-29）。

正如利奥塔所观察的，正是在这种"回忆"、康复和随之而来的解脱或超脱的感觉里，一种现代性（还有通常意义上的现代主义和后现代主义）的问题正在进行或发生——揭开闭合的命运，让它向某种所谓新的自由的东西敞开（重生、更新或救赎的可能，因而逃离自我的命运或过去的罪行）。然而，他提醒大家，用审视回忆的行为来提供解药或答案，正是陷入了执迷于根源和开始的陷阱，根据年代史或历史分期来暂时划分和组织的陷阱，而这正是人们想要逃离的意识——逃离自我的命运，却无意识地将其重新镌刻在另一种形式里：

> 对于现代性，并不是真要重写它，假如重写是可能的，我们要做的便是重新书写现代性本身并使之成为真实。关键在于，书写现代性就是一直重写现代性。现代性是在一种永恒的重写中被

书写，是自我录入 （INH 28 ）。

但是并不是现代性重写的所有形式都是等同的。这种作为"回忆"的重写形式（最后忘记了它是一种重写）可能犯了同样的错误，同样的罪行，不过是在不同的层面：因为回忆实际上是在忘记我们面对的焦虑，将其归咎于一个可被找出来的错误。这是一种确定的重写，它有具体的出发点和可以预见的终点，它否定或不认可自己的投注，自己的幻象。

相反，这种回忆过往的"修通"构成了一种不同类型的重写，与这种已经假定会健忘的回忆有所不同（在回忆某事的时候，我们同时忘记了曾经已经遗忘它的事实）。在治疗情况的"修通"中，分析师鼓励病人不单单重新-记起，而是采用相同的元素或它们隶属的元叙事，将过去重新-组织为一种新的叙述。这一部分上需要做好准备去放弃相信有这样的第一原因，实证的或客观的根源。弗洛伊德所谓的"诱惑理论"认为，神经官能症的根源，它的"原始场景"源于一种客观的创伤原因或经历的事件（另外，它是可以从意识里追溯的)。利奥塔指出，弗洛伊德只有放弃这种"诱惑理论"，才能彻底发展无意识的观念（INH 30)。弗洛伊德继而认识到，这种所谓的根源实际上是一种后遗性 （Nachträglichkeit），是往过去的元素里注入了它之前缺乏的重要性和因果效力，并且被编织在过去和现在的问题的碎片的往复运动中。因此弗洛伊德放弃了这种根源的想法，他继而做出这样的推测，即分析过程缺乏可预测可辨别的结论，所以心理内容的"修通"也可能是不确定的：

"与回忆相反，修通可以被认为是无终止的工作，因而也就没有意志：说它无终止，是说它不受目的之概念的左右，但并不是说它无结束"（INH 30）。

值得注意的是，这种分析的"修通"需要用特别的方法处理遇到的心理材料：对于病人来说，需要"自由联想"，要抵抗联想过程中对思想语言进行筛选加工的冲动，也要抵抗对事物的意义先入为主的冲动；对于分析师来说，需要一种"自由流动"的注意力的互补的培养，接收所有的材料（不管看起来多琐碎），这要求要缓下定见，并准备好跟着联想走（INH 30）。

有趣的是，利奥塔认为，弗洛伊德运用悬置注意力和自由联想以求从神经官能症的痛苦中解放，他的治疗处理类似于康德的"反思"审美判断力的观念，至少在美的问题上是这样：它提倡对已有材料的观照，没有先入为主的观念，为了寻求官能间潜在的和谐，或者说减少认知上的不和谐，使病人（重新）回归到社会的整体中（INH 33）。在这方面，尽管弗洛伊德避免承诺一种"解决方式"，他仍旧希望给病人的心理带来过渡和稳定。乍看上去，现代性"修通"的初始阶段包括了类似于弗洛伊德的缓下定见的概念，利奥塔将其称为"感受力"（passability）——一种开放式的接受能力，它并不自动强加意义在活动上，而是以探索的方式面对。以这种没有先见的方式靠近或接受这些经验的碎片——一个想法、一种感觉、一个颜色、一个信息片段、一个活动、一句话。在不事先强加推理、等级观念或介体（mediation）的情况下，让它们逐渐和谐地彼此融合在一起。我们不能事先说（因为我们还不知道），这些体验中什么是重要的，或者这些元素是如何关联的，甚至什么会发生或正在发生。然而感受力并不与解放的欲望拴在一起。弗洛伊德对"修通"的使用是由临床环境决定的，目的是减轻病人的痛苦（从症状的全控制中解放，或至少让病人与其破坏性最小的需求和解）。正如利奥塔指出的，在弗洛伊德对"修通"的使用和如何将"修通"应用到现代性中作出了重要的区分，后现代与现代性碰撞的感受力并不以解放或和谐统一为目标。实际上，它质疑了潜藏在这种想要从现实的"缺乏现实"中逃脱的假设，展现了准备好要对抗这种不知道在经历什么的焦虑，以及这种经历的不定性的本质。

这也强调了"痛苦"的关键问题，它标志了两种"修通"观念之间的区别。不可否认的是，尽管治疗方法具有"反思"的特性和解放的目的，它经常要面对病人不可忍受的痛苦，并且在缺少可容易确认的实证原因的情况下，去处理持续创伤面临着的持续困难。为了强调这一点，弗洛伊德在其后期作品中猜想，尽管对于神经官能症的产生并没有可确定的原因或原始事件，病人的症状表现和他／她各种压抑的大体框架似乎是围绕着一种神秘的无法触及的内核组织的，一种无形的非起源，弗洛伊德称其为"原发性压抑"（primary repression）。它甚至处于"原始场景"的幻影之上。拉康使用并发展了这一观点，他将"原发性压抑"与无法寻回的"失物"联系到了一起，他管这个失物叫作"物"（das Ding），这为利奥塔的形象-母体观念提供了一定的基础，我们已在第一章中讨论过。这个无意识的内核是一种以力量和含义来后续投注的缺失，它存在于主体的心理，是无法用象征表达也无法想象的元素。在"修通"的分析过程中，通过持续的对重复和回忆的审视，可以靠近这个内核，然而永远也无法触到或直接面对它，甚至不能使它暂时停下来，因为它在本质上来说是不可呈现的。因而它含有一种彻底的异质性，抵抗意识与无意识的调和，它通过剥夺主体渴望的自我认识、自我肯定或稳定性，来颠覆或阻挠分析治愈的过程。

这种对分析中不可呈现也不能最终确定的事物的描述，激发了先锋派的努力和尝试，我们可以看到，他们致力于探索和呈现崇高的暗示。毫不意外的是，对于利奥塔来说，原发性压抑或"物"的不可呈现性激发出不确定的和"无形"的崇高，他把这种体验看成内在幻影般的，并在弗洛伊德的治疗场景中是潜在地被延搁的。实际上，利奥塔在崇高和原发性压抑（那不可知的不可追回的种子）之间直接做类比，将后者与继发性压抑（从意识中收回的具体的不可接受的想法或感觉）区别开来。其中继发性压抑构成了回忆治疗的原材料。崇高，原发性压抑永远无法在自身内呈现，只能间接地暗指，这使得利奥塔进一步发展了这种并行关系，作出结论说，"原发性压抑……与继发性压抑的关系，正如崇高与美的关系"（INH 33）。[3]

对于现代性，我们也可以类似地区别出"不可呈现的"原发性压抑或"物"，以及继发性压抑（占据了学术界和文化产业的特定的文化"记忆"和事件）。前者萦绕着思想和"'语言'、传统和人们写作时使用的材料（INH 33）"，它

---

3. 这一类比在利奥塔的《海德格尔与"犹太人"》中被进一步详细发展。——原文注

使得当代社会理解自身和其目标的共识成为可能，也将其毁灭。对于这一点，它与现代性在现实内产生的"缺乏现实"的效果紧密相联，现代性会通过承诺超然和解放的元叙事来替代或否认它，或者推崇这样的一种"现实主义"，它"保护意识免受质疑"，或塑造了现代美学的"对于不可获得之物的怀旧"。相反，"物"毁坏了现代性超越自我和实现自我的努力；这正是先锋派致力的"不可呈现"之物的感觉。

然而，我们应该注意的是，对于这种"修通"概念的修改——对于根本上不可呈现但是却具有构成性的无意识的接收能力——以及它在现代性中的应用，利奥塔强调了关键性的两点，使其与同出一门的精神分析区别开来。这等于是承认了，第一，这个过程并不能提供关于过去的真实内容，或者诸如此类的历史（实际上它拒绝瞬时性和叙述的合成，那些我们经常称为"人生""文化"或"时代"的东西）；第二，对于源自不可呈现之物中的崇高体验的痛苦，或痛苦的不和谐，它不能也不应该试图加以缓解或过滤。这种修改过的重写或"修通"的概念，被利奥塔称为预加工（perlaboration），当应用于现代性时，它将后现代重塑为远离文化的强迫性重复和记忆的东西，这里所说的文化指的是当代特有的报价，折衷主义，滑稽模仿和再生循环利用，或者以温和的形式试图预先决定我们经验的科技产物（比如，新的、美的事物）。

利奥塔将他对现代性的"后现代"重写当成是对现代性的自我幻觉的挑战，挑战它与资本主义技术-科学站在同一战线的姿态，挑战它试图逃离自我的互相矛盾的欲望。

因而，后现代并不呈现与过去的决裂，也不承诺一个乌托邦的未来，而是对持续不断的多层次的传承的修通，是一种对事件进行反思的不同方式：

> 后现代性并不是一个新时代，而是要重写现代性宣称的某些特征。首先，是对现代性通过科学和技术解放全人类的企图来建立其正当性的重写……这种重写已经开始很久了，并且是在现代性本身里进行的（INH 34）。

利奥塔致力于在没有既存纲领或目的的情况下，彻底研究我们当代的状况（美学的、文化的、社会的、政治的、经济的）。鉴于此，利奥塔的作品依旧充满活力，切实可行，是哲学的核心力量，是战斗檄文，以及对"整体性"的宣战——确实，它是先锋派对"不可呈现之物"在艺术和文学上探索的哲学相对物。这种对"未道之言""未见之物"的审视，以及更重要的对永不能言说或永不能看见之物的审视，是一种责任，是政治和伦理的要求，利奥塔越来越穷其一生致力于这种思考。如果利奥塔的名字将永远与"后现代"拴在一起，那么至少要让他的伟绩发扬下去，并不是把它作为一个缺陷的理论或"艺术运动"的历史性墓碑，抑或是对知识时尚的慰藉，而是如他所设想的：通过对现代性持续不懈的永不枯竭的重写，来见证差异和不可呈现之物。

附 录

Appendix

术语英汉对照表

"9·11" 袭击（9·11 attacks）

先验（a priori）

抽象表现主义 （abstract expressionism）

抽象（abstraction）

美学（aesthetics）

焦虑（agitation）

竞争（agon）

基地组织（al-Qaeda）

异化（alienation）

变形（anamorphosis）

困惑 / 难题（aporia）

先锋 / 先锋派（avant-garde）

价值论（axiology）

美（beauty）

存在（being）

休止（caesura）

暗箱（camera obscura）

资本主义（capitalism）

阉割（castration）

基督教（Christianity）

年代史（Chronology）

电影（cinema）

古典（classical）

认知（cognition）

冷战（Cold War）

商品化（commodification）

常识 / 共通感（common sense）

沟通 / 交流 （communication）

概念（concepts）

凝缩（condensation）

再现力情况（conditions of representability）

意识（consciousness）

批判（critique）

人 / 人类 （Dasein）

死亡驱力 （death drive）

解构 （deconstruction）

去熟悉化 （de-familiarisation）

指示语（deixis）

愉悦 / 愉快（delight）

外延式论述（denotative statements）

深度（depth）

去现实化（de-realisation）

指定（designation）

欲望（desire）

欲望 - 机器（desiring-machines）

定性判断力（determinative judgements）

差异（difference）

迥异（different）

物（Ding，das）

话语（the discourse，discursive）

置换 / 转移（displacement）

设置（dispositif）

虚饰（dissimulation）

距离（distance）

赠予（donation）

双重反转（double reversal）

怀疑（doubt）

梦（dreams）

梦的运作（dream-work）

修通（Durcharbeiten）

力学的崇高（dynamic sublime）

解放（emancipation）

启蒙（enlightenment）

大道，本有（Ereignis，ein）

事件（event）

眼睛（eye）

形象（figural）

形象 - 形式（figure-form）

形象 - 图像（figure-image）

形象 - 母体（figure-matrix）

修辞格（figures of speech）

力量（force）

形式（form）

无形的（formless）

自由联想（free association）

法国哲学（French philosophes）

德国理想主义（German Idealism）

构架（Gestell）

优美形式（good forms）

涂鸦（graffiti）

伟大的零（Great Zero）

发生（happening）

大屠杀（Holocaust）

人类基因工程（human genome project）

人道主义（humanism）

思想 / 想法 （ideas）

意识形态（ideology）

想象力（imagination）

怀疑（incredulity）

工业的现成品（industrial ready-made）

信息（information）

创新（innovation）

不及物性（intransitivity）

不可见（invisible）

判断力（judgement）

缺乏 / 缺失（lack）

缺乏现实（lack of reality）

语言（language）

语言-游戏（language-games）

字母（letters）

力比多（libido，libidinal）

语言学（linguistics）

文学（literature）

马克思主义（Marxism）

数学的崇高（mathematical sublime）

元叙事（meta-narratives）

暗喻（metaphor）

形而上学（metaphysics）

元理论（meta-theory）

提喻（metonymy）

拟态（mimesis）

现代（modern）

现代主义（modernism）

现代性（modernity）

模式（modes）

音乐（music）

消极的快感（negative pleasure）

消极呈现（negative presentation）

否定性（negativity）

否定（negation）

叙事（narrative）

虚无主义（nihilism）

现在（now）

对象（objet）

俄狄浦斯（Oedipus）

俄狄浦斯情结（Oedipus Complex）

本体论（ontology）

对立（opposition）

口头文化（oral culture）

他者（other，otherness）

异教（pagan）

绘画（painting）

悖理逻辑 （paralogy）

言语（parole）

感受力（passability）

效能性（performativity）

历史分期（periodisation）

预加工（perlaboration）

透视（perspective）

幻影（phantasy）

现象学（phenomenology）

摄影（photography）

图画习俗（pictorial conventions）

享乐原则（pleasure principle）

多态乖张期 （polymorphous perversity）

后工业（post-industrial）

后现代（postmodern）

后现代主义（postmodernism）

前意识（preconscious）

在场（presence）

初级过程（primary processes）

匮乏（privation）

进步（progress）

精神分析（psychoanalysis）

精神病情记录（psychopathography）

15 世纪（Quattrocento）

阅读（reading）

现实主义（realism）

现实（reality）

现实原则（reality principle）

理性（reason）

辨识（recognition）

指涉性（referentiality）

指涉对象（referent）

反思判断力（reflective judgements）

重新界定（reframing）

回忆（remembering）

文艺复兴（Renaissance）

重复（repetition）

再现（representation）

压抑（repression）

后遗性（retroactive effect）

怀疑精神 / 怀疑态度（scepticism）

科学（science）

二级过程（secondary processes）

再度修订（secondary revision）

诱惑（seduction）

观看 / 看见（seeing）

符号学（semiology，semiotics）

感性（sensibility）

共通感（sensus communis）

设置［set-up（dispositif）］

性别（sexual difference）

含义（signification）

能指（signifier）

符号（signs）

模拟（simulation）

社会纽带（social bond）

社会主义（socialism）

空间（space，spatiality）

分裂的主体（split subject）

现状（status quo）

喷印艺术（stencil art）

讲故事（storytelling）

结构主义（structuralism）

结构（structures）

崇高（sublimation）

崇高（sublime）

痛苦（suffering）

至上主义（suprematism）

超现实主义（surrealism）

悬置注意力（suspended attention）

品味（taste）

技术（technology）

技术-科学（techno-science）

张量（tensor）

文本（text）

文本性（textuality）

戏剧（theatre）

再现的戏剧模型（theatrical model of representation）

物（Thing，the (das Ding)）

时间（Time）

瞬时性（temporality）

定位模式（topographical model）

总和 / 整体 / 总体（totality）

超越（transcendence）

超然的（transcendental）

越界（transgression）

双子塔（Twin Towers）

无意识（Unconscious）

理解 / 知性（understanding）

不可呈现的（unpresentable）

乌托邦（Utopia）

可见的（visible）

视觉（vision）

愿望的满足（wish-fulfilment）

修通（working through）

世贸中心（World Trade Centre）

人名译名对照表

阿波利奈尔（Apollinaire）

阿尔贝蒂 （Alberti）

阿尔都塞 （Althusser）

阿多诺 （Adorno）

阿什利·伍德沃德 （Ashley Woodward）

埃德蒙·伯克 （Edmund Burke）

埃尔克·沃尔福德 （Elke Walford）

艾灵顿公爵 （Duke Ellington）

安德烈·格林 （André Green）

安德烈亚斯·胡伊森 （Andreas Huyssen）

安德烈·日丹诺夫 （Andrei Zhdanov）

安德烈·布雷顿 （André Breton）

安德鲁·本杰明 （Andrew Benjamin）

芭芭拉·博尔特 （Barbara Bolt）

巴内特·纽曼 （Barnett Newman）

巴特 （Barthes）

班克斯 （Banksy）

保利娜 （Pauline）

保罗·阿特金森 （Paul Atkinson）

保罗·克利 （Paul Klee）

伯格森 （Bergson）

波洛克 （Pollock）

比尔·雷丁 （Bill Readings）

毕加索 （Picasso）

伯克 （Burke）

布兰夏特 （Blanchot）

布莱恩·麦克海尔 （Brian McHale）

查尔斯·阿尔铁里 （Charles Altieri）

查尔斯·詹克斯 （Charles Jenks）

大卫·林奇 （David Lynch）

达·芬奇 （da Vinci）

鲁道夫·加谢 （Rodolphe Gasche）

德勒兹 （Deleuze）

德里达 （Derrida）

丢勒 （Dürer）

杜尚 （Duchamp）

恩格斯 （Engel）

梵高 （Van Gogh）

菲利普·珀蒂 （Philippe Petit）

弗迪南·德索绪尔 （Ferdinand de Saussure）

弗里德里克·荷尔德林 （Friedrich Hölderlin）

弗里德里克·尼采 （Friedrich Nietzsche）

弗里德里克·施莱格尔 （Friedrich Schlegel）

弗雷德里克·詹姆逊 （Fredric Jameson）

弗洛伊德 （Freud）

福柯 （Foucault）

格雷厄姆·琼斯 （Graham Jones）

格雷格·斯坦斯 （Greg Staines）

格雷马斯 （Greimas）

格林伯格 （Clement Greenberg）

瓜塔里 （Guattari）

哈尔·福斯特 （Hal Foster）

哈贝马斯 （Habermas）

海德格尔 （Heidegger）

荷尔德林 （Hölderlin）

胡塞尔 （Husserl）

霍克海默 （Horkheimer）

J.G. 巴拉德 （J. G. Ballard）

基思·克罗默 （Keith Crome）

简·兰德曼 （Jane Landman）

杰弗里·本宁顿 （Geoffrey Bennington）

罗伯特·文丘里 （Robert Venturi）

马尔库塞 （Marcuse）

马丁·海德格尔 （Martin Heidegger）

马克·弗雷泽 （Mark Fraser）

马拉美 （Mallarme）

马里内蒂 （Marinetti）

马萨乔 （Masaccio）

马塞尔·杜尚 （Marcel Duchamp）

马塞尔·普鲁斯特 （Marcel Proust）

迈克·帕尔 （Mike Parr）

迈克尔·卡尔·冯·豪斯沃尔夫 （Carl Michael von Hausswolff）

迈克尔·斯诺 （Michael Snow）

梅洛-庞蒂 （Merleau-Ponty）

莫里斯·梅洛-庞蒂 （Maurice Merleau-Ponty）

弥尔顿 （Milton）

米歇尔·福柯 （Michel Foucault）

纳奥米·梅里特 （Naomi Merritt）

尼采 （Nietzsche）

尼古拉斯·布瓦洛 （Nicolas Boileau）

纽曼 （Newman）

佩里·安德森 （Perry Anderson）

珀蒂 （Petit）

普鲁斯特 （Proust）

齐格蒙特·鲍曼 （Zygmunt Bauman）

奇利·纳帕斯特克 （Chili Naparstek）

乔恩·罗夫（Jon Roffe）

乔希·纳尔逊 （Josh Nelson）

乔伊斯 （Joyce）

乔治·布拉克 （George Braque）

乔治·巴塔耶 （George Bataille）

让·鲍德里亚 （Jean Baudrillard）

让-弗朗索瓦·利奥塔 （Jean-Francois Lyotard）

让-吕克·戈达尔 （Jean-Luc Godard）

让·欧利 （Jean Oury）

约翰·保罗二世 （John Paul Ⅱ）

塞尚 （Cézanne）

塞缪尔·贝克特 （Samuel Beckett）

桑德拉·科贝特 （Sandra Corbett）

斯蒂芬·扎加拉 （Stephen Zagala）

施托克豪森 （Stockhausen）

斯宾诺莎 （Spinoza）

斯特凡·马拉美 （Stéphane Mallarme）

索绪尔 （Saussure）

托迪（Toadie）

托多洛夫 （Todorov）

瓦尔特·本雅明 （Walter Benjamin）

委拉斯开兹 （Velázquez）

维尔纳·海森堡 （Werner Heisenberg）

伪朗吉弩斯 （Pseudo-Longinus）

威廉·赖希 （Wilhelm Reich）

威廉·斯帕诺斯 （William Spanos）

西蒙 （Simon）

西蒙·库珀 （Simon Cooper）

希特勒 （Hitler）

小霍尔拜因 （Holbein the Younger）

勋伯格 （Schoenberg）

亚历克斯·卡利尼科斯 （Alex Callinicos）

亚里士多德（Aristotle）

雅各布森 （Roman Jakobson）

雅克·拉康 （Jacques Lacan）

雅克·莫诺里 （Jacques Monory）

伊曼努尔·康德 （Immanuel Kant）

尤尔根·哈贝马斯 （Jürgen Habermas）

约翰·卡萨维茨 （John Cassavetes）

詹姆斯·鲍德温 （James Baldwin）

詹姆斯·乔伊斯 （James Joyce）

詹姆斯·威廉姆斯 （James Williams）

地名译名对照表

阿尔及利亚（Algeria）

吉普斯兰 （Gippsland）

拉博德 （La Borde）

机构名称译名对照表

俄罗斯国家博物馆 （State Russian Museum）

布里奇曼艺术图书馆 （The Bridgeman Gallery）

汉堡美术馆 （Hamburger Kunsthalle）

墨尔本大陆哲学学院（Melbourne School of Continental Philosophy）

莫纳什大学 （Monash University）

视觉艺术协会 （Viscopy）

詹姆斯·古德曼画廊 （James Goodman Gallery）

文献名译名对照表

《备忘录》（*Memento*）

《超越快乐原则》（*Beyond the Pleasure Principle*）

《差异与重复》（*Difference and Repetition*）

《重复，回忆与修通》（*Repeating, Remembering and Working Through*）

《重写现代性》（*Rewriting Modernity*）

《崇高分析论讲稿》（*Lessons on the Analytic of the Sublime*）

《崇高与先锋》（*The Sublime and the Avant-garde'*）

《纯粹理性批判》（*the Critique of Pure Reason*）

《大使们》（*The Ambassadors*）

《德勒兹的哲学传承》（*Deleuze's Philosophical Lineage (2009)*）

《低俗小说》（*Pulp Fiction*）

《对"何为后现代主义？"这一问题的回答》（*Answering the Question: What is Postmodernism?*）

《杜尚的改 / 造》（*Duchamp's TRANS/formers*）

《反电影》（*Acinema*）

《非道德意义下的真理与谎言》（*On Truth and Lie in the Extra-moral Sense*）

《非人》（*The Inhuman*）

《芬尼根守灵夜》（*Finnegans Wake*）

《格尔尼卡》（*Guernica*）

《给予：1. 瀑布，2. 燃烧的气体》（*Given: 1. The Waterfall, 2.The Illuminating Gas*）

《公正游戏》（*Just Gaming*）

《宫娥》（*Las Meninas*）

《海德格尔与"犹太人"》（*Heidegger and "the Jews"*）

《黑色方块》（*Black Square*）

《话语，形象》（*Discourse，Figure*）

《后现代状况》（*The Postmodern Condition*）

《几种沉默》（*Several Silences*）

《两个神秘事物》（*Les Deux Mystères*）

《利奥塔读本》（*The Lyotard Reader*）

《利奥塔读本与导读》（*The Lyotard Reader and Guide*）

《力比多经济学》（*Libidinal Economy*）

《论理论》（*On Theory*）

《论崇高》（*On the Sublime*）

《论崇高与美两种观念的根源》（*A Philosophical Enquiry into the Origins of Our Ideas of the Sublime and Beautiful*）

《论话语的形象》（*On a Figure of Discourse*）

《论技术问题》（*On the Question of Technology*）

《论艺术作品的关键功能》（*On the Critical Function of the Work of Art*）

《裸体临摹》（*Etude de nu*）

《梦的解析》（*Interpretation of Dreams*）

《某种如沟通……无沟通的事物》（*Something Like: Communication...Without Communication*）

《名字》（*Name*）

《纽曼：瞬间》（*Newman: The Instant*）

《偶像的黄昏》（*Twilight of the Idols*）

《判断力批判》（*the Critique of Judgement*）

《漂移工作》（*Driftworks*）

《社会主义或野蛮》（*Socialism or Barbarism*）

《失乐园》（*Paradise Lost*）

《实践理性批判》（*the Critique of Practical Reason*）

《事之序》（*The Order of Things*）

《太一》（*Oneness*）

《无意识的分期》（*The Unconscious as Mise en Scène*）

《下楼的裸女二号》（*Nude Descending a Staircase，No. 2*）

《形象的叛逆》（*La Trahison des Images*）

《现代性与后现代性》（*Modernity versus Postmodernity*）

《现代性：尚未完成之工程》（*Modernity - An Incomplete Project*）

《向儿童解释的后现代》（*The Postmodern Explained to Children*）

《牙齿，手掌》（*The Tooth，The Palm*）

《艺术作品的本源》（*On the Origin of the Work of Art*）

《英勇崇高之人》（*Vir Heroicus Sublimis*）

《尤利西斯》（*Ulysses*）

《源于马克思和弗洛伊德》（*Dérive à partir de Marx et Freud*）

《再现之上》（*Beyond Representation*）

《再现，呈现，不可呈现的》（*Representation，Presentation，Unpresentable*）

《政治作品》（*Political Writings*）

《掷骰子永远也不会消除偶然性》（*A throw of the dice will never abolish chance*）

《中部地区》（*La Région Centrale*）

《撞车》（*Crash*）

《作为力比多设置的绘画》（*Painting as a Libidinal Set-up*）

鸣 谢

Acknowledgement

　　我要感谢阿什利·伍德沃德、乔恩·罗夫、西蒙·库珀和卡伦·巴克阅读此书的初稿，并提出宝贵的建议。感谢罗伯特·黑斯廷斯对书稿后期处理的帮助。感谢在我写书过程中所有鼓励或帮助我的人：简·兰德曼、马克·弗雷泽、桑德拉·科贝特、保罗·阿特金森、斯蒂芬·扎加拉、卡尔·特塞克、芭芭拉·博尔特、肯·瓦奇和奇利·纳帕斯特克。当然还有功不可没的乔希·纳尔逊和格雷格·斯坦斯，他俩都奋而挺身度过了那么多看电影、吃披萨的夜晚。还要再次感谢西蒙早上准备的咖啡。感谢我所有的同事、学校图书馆的工作人员，以及我过往和现在的学生。感谢相关院校给予的经济援助。

　　最后，感谢我的父母拉尔夫和保利娜，还有纳奥米·梅里特的爱与支持（和我一起画出戏剧示意图，整理参考书目）。

　　谨以此书献给哈巴狗托迪，对它来说，每顿饭都堪称崇高之体验。

文中参考文献缩写对照表

References

DF	《话语，形象》
DIFF	《迥异》
DW	《漂移工作》
HJ	《海德格尔与"犹太人"》
INH	《非人》
LE	《力比多经济学》
LES	《崇高分析论讲稿》
LR	《利奥塔读本》
LRAG	《利奥塔读本与导读》
PC	《后现代状况》
PW	《政治作品》
TRAN	《杜尚的改/造》

以上这些是在书中引用的利奥塔的作品。

图书在版编目（CIP）数据

解读艺术：利奥塔/（澳）格雷厄姆·琼斯
（Graham Jones）著；王树良，张心童译. --重庆：重
庆大学出版社，2022.6
（思想家眼中的艺术丛书）
书名原文：Lyotard Reframed: Interpreting Key
Thinkers for the Arts
（Contemporary Thinkers Reframed）
ISBN 978-7-5689-3050-5

Ⅰ.①解… Ⅱ.①格… ②王… ③张… Ⅲ.①利奥塔
（Lyotard，Jean Francois 1924-1998）—艺术哲学 Ⅳ.
①B565.59 ②J0-02

中国版本图书馆CIP数据核字（2022）第013586号

思想家眼中的艺术丛书
解读艺术：利奥塔
JIEDU YISHU LI'AOTA

[澳] 格雷厄姆·琼斯（Graham Jones） 著
王树良 张心童 译
策划编辑：席远航
责任编辑：席远航　版式设计：品木文化
责任校对：邹 忌　责任印制：赵 晟

*

重庆大学出版社出版发行
出版人：饶帮华
社址：重庆市沙坪坝区大学城西路 21 号
邮编：401331
电话：（023）88617190　88617185（中小学）
传真：（023）88617186　88617166
网址：http://www.cqup.com.cn
邮箱：fxk@cqup.com.cn（营销中心）
全国新华书店经销
重庆市国丰印务有限责任公司印刷

*

开本：890mm×1240mm　1/32　印张：6.5　字数：141 千
2022 年 6 月第 1 版　　2022 年 6 月第 1 次印刷
ISBN 978-7-5689-3050-5　定价：48.00 元

Lyotard Reframed : Interpreting Key Thinkers for the Arts

by

Graham Jones

Copyright: ©I.B.Tauris & Co Ltd

This edition arranged with AITKEN ALEXANDER ASSOCIATES

Through Big Apple Agency, Inc.,Labuan,Malausia

Simplified Chinese edition copyright:

2016 CHONG QING UNIVERSITY PRESS

版贸核渝字（2014）179号